CUSTOMER THINKING

客户思维

苏朝晖 ◎ 编著

机械工业出版社
CHINA MACHINE PRESS

图书在版编目（CIP）数据

客户思维 / 苏朝晖编著 . —北京：机械工业出版社，2019.9（2025.3 重印）

ISBN 978-7-111-63545-1

I. 客⋯　II. 苏⋯　III. 企业管理 – 供销管理　IV. F274

中国版本图书馆 CIP 数据核字（2019）第 179117 号

本书着重阐述了客户的选择、开发、保留等关键问题，理论联系实际，务实，可操作性强，案例丰富生动。本书在借鉴中外学者研究成果以及成功企业实践经验的基础上，运用社会学、管理学、营销学等相关理论，系统论述了"客户思维"的理念、方法与策略，回答了"客户该不该经营""经营什么样的客户好""客户购买行为有什么特点""怎样开发客户""怎样让客户自己上门""怎样让客户满意""怎样留住客户""怎样让客户创造更多价值"等问题。

本书是企业管理人员、营销人员、销售人员等从业者的案头必备读物，也适合 MBA 学员阅读学习。

客户思维

出版发行：机械工业出版社（北京市西城区百万庄大街 22 号）	邮政编码：100037
责任编辑：曹骏驰　邵淑君	责任校对：殷　虹
印　　刷：北京虎彩文化传播有限公司	
开　　本：170mm×230mm　1/16	版　次：2025 年 3 月第 1 版第 3 次印刷
	印　张：14.75
书　　号：ISBN 978-7-111-63545-1	定　价：60.00 元

客服电话：（010）88361066　68326294

版权所有·侵权必究
封底无防伪标均为盗版

前 言

随着市场竞争的加剧，人们越来越深刻地认识到，市场竞争就是企业争夺客户的竞争。企业要想盈利，在激烈的市场竞争中保持优势，获得长期、稳定的发展，就必须重视客户、依赖客户。无论企业有多好的设备、多好的技术、多好的品牌、多好的机制、多好的团队，如果没有客户，一切都将为零！因此，企业经营的关键是对客户的经营。

经营客户是企业经营的核心，企业通过经营客户可以"提纲挈领"，实现企业经营的目的。当然，客户不会从天上掉下来，客户需要开发，即使开发成功了，那些客户也未必会成为对企业永久忠诚的客户，所以，经营客户不可能一劳永逸，需要企业持之以恒、孜孜不倦。

本书在借鉴中外学者研究成果以及成功企业实践经验的基础上，运用社会学、管理学、营销学等相关理论，系统论述了"客户思维"的理念、方法与策略，回答了"客户该不该经营""经营什么样的客户好""客户购买行为有什么特点""怎样开发客户""怎样让客户自己上门""怎样让客户满意""怎样留住客户""怎样让客户创造更多价值"等问题。

本书采取理论与实务相结合的方法，并援引了大量的案例，深入浅出，通俗易懂，适合从事经营管理的人士阅读，也可作为MBA教材。

本书在前人研究的基础上进行了创新，但由于本人水平有限，书中难免有不足之处，恳请读者不吝赐教、批评指正，意见与建议请发至822366044@qq.com，期待读者的反馈。

感谢所有曾经给过我支持和帮助的人！

苏朝晖
2019年8月

目 录

前 言

第1章 客户该不该经营 | 1

无论企业有多好的设备、多好的技术、多好的品牌、多好的机制、多好的团队，如果没有客户，一切都将为零！尽管当前企业间的竞争表现在品牌竞争、创新竞争、服务竞争等方面，但实质上都是在争夺客户。因此，企业经营的关键是对客户的经营。

  1.1 客户值得经营 | 1
  1.2 客户需要经营 | 6
  1.3 客户怎样经营 | 9
  1.4 数据挖掘技术在经营客户中的应用 | 12
  1.5 数据库技术在经营客户中的应用 | 12
  1.6 大数据技术在经营客户中的应用 | 14

第2章 经营什么样的客户好 | 16

企业好比胳膊，市场好比大腿。有时候企业费尽心思，企图在市场上扮演某个角色，但偏偏吃力不讨好，没有得到市场的认同，可谓"落花有意，流水无情"……如果"有心栽花花不开，无心插柳柳成荫"，那么企业就该顺势而为，改"栽花"为"插柳"！

  2.1 不是所有的购买者都会是企业的客户 | 16
  2.2 不是所有的客户都能够给企业带来收益 | 17
  2.3 不选择客户可能造成企业定位模糊 | 19
  2.4 选择正确的客户是成功开发客户及实现客户忠诚的前提 | 20
  2.5 选择正确的客户能增加企业的盈利 | 21

2.6 什么样的客户是"好客户" | 22
2.7 大客户不等于"好客户" | 25
2.8 小客户可能是"好客户" | 26
2.9 经营什么样的客户好 | 27

第 3 章 客户购买行为有什么特点 | 36

企业经营客户理当研究客户的购买行为。企业的客户不仅包括广大的个人客户，也包括各类组织客户。同样是购买行为，个人客户与组织客户在购买动机、购买特点、购买方式和购买决策过程中存在一定的差异，对此企业只有充分了解，才能为经营决策提供依据。

3.1 个人客户的购买行为 | 36
3.2 产业客户的购买行为 | 67
3.3 中间商客户的购买行为 | 74
3.4 政府客户的购买行为 | 74
3.5 非营利组织客户的购买行为 | 75

第 4 章 怎样开发客户 | 77

企业要想开发客户，首先要能够找到目标客户，其次要想办法接近目标客户，最后要想办法说服目标客户采取购买行动。

4.1 怎样寻找客户 | 77
4.2 接近客户的方法 | 83
4.3 怎样说服客户 | 85
4.4 互联网技术在开发客户中的应用 | 87
4.5 移动互联网技术在开发客户中的应用 | 88
4.6 新媒体在开发客户中的应用 | 89

第 5 章 怎样让客户自己上门 | 97

如果企业能够利用自己的优势满足客户渴望已久的需求，那么客户很可能会满心欢喜地主动购买企业的产品，这种途径显然是获得客户的理想途径。

  5.1 产品或服务要有吸引力 ｜ 97
  5.2 购买渠道要有吸引力 ｜ 104
  5.3 价格要有吸引力 ｜ 106
  5.4 促销要有吸引力 ｜ 112

第 6 章 怎样让客户满意 ｜ 119

  客户预期和客户感知价值是影响客户满意的因素，如果企业能够把握客户预期，并且让客户感知价值达到甚至超出客户预期，就能够实现客户满意。

  6.1 要把客户满意当回事 ｜ 119
  6.2 怎样知道客户满意度的高低 ｜ 120
  6.3 哪些因素影响客户满意 ｜ 122
  6.4 怎样让客户满意 ｜ 132

第 7 章 怎样留住客户 ｜ 147

  忠诚客户的数量决定了企业的生存与发展，忠诚的质量，即忠诚度的高低决定着企业竞争力的强弱。企业要想获得客户忠诚，除了让客户满意外，还要建立奖励忠诚、限制流失的机制，其目的是让客户从忠诚中受益，让三心二意者自觉向忠诚客户看齐，让客户对跳槽、背叛行为有所顾忌。

  7.1 要把客户忠诚当回事 ｜ 148
  7.2 怎样知道客户忠诚度的高低 ｜ 153
  7.3 哪些因素影响客户忠诚 ｜ 154
  7.4 怎样让客户忠诚 ｜ 163

第 8 章 怎样让客户创造更多价值 ｜ 191

  企业应依据客户的价值将其分为不同的层级，然后分别采取提升策略——使关键客户自豪地享受"优待"并激励他们保持这种尊贵的地位，刺激有潜力的普通客户向关键客户看齐，鞭策有潜力的小客户向普通客户甚至关键客户看齐……这样，伴随着客户级别的提升，他们给企业创造的价值也就增加了。

  8.1 不同的客户带来的价值不同 ｜ 191

8.2 必须根据价值的不同对客户进行分级管理 | 192
8.3 怎样对客户分级管理 | 194
8.4 提升关键客户创造的价值 | 197
8.5 提升普通客户创造的价值 | 202
8.6 提升小客户创造的价值 | 203
8.7 坚决淘汰劣质客户 | 207
8.8 让流失的客户回头继续创造价值 | 207

第 9 章　综合案例：报刊发行商怎样经营客户 | 216

9.1 报刊发行商的客户分类 | 216
9.2 上游客户的经营 | 217
9.3 中游客户的经营 | 219
9.4 下游客户的经营 | 220

参考文献 | 226

| 第 1 章 |

客户该不该经营

客户是指购买产品或服务的个人或组织。

企业可以将客户分为直接客户和间接客户。直接客户是指直接给企业带来利润的客户，间接客户是指不直接给企业带来利润的客户。例如，一家专门从事家具制造的企业不直接销售自己的产品，与它建立客户关系的多是家具销售商，那么，这些家具销售商就是家具制造企业的直接客户，而最终用户则是它的间接客户。

要清楚的是，有时候间接客户虽然没有给企业直接带来利润，但是如果企业没有间接客户，那么直接客户也很可能不愿意给企业带来利润。例如，许多互联网公司为间接客户（网民）提供免费服务，而利润则来自直接客户，即广告主。广告主正是看中互联网公司的人气才愿意投放广告，如果没有众多网民的支持，广告主很可能不愿意在此做广告。

1.1 客户值得经营

客户的重要性体现在客户对企业的价值上，它不仅指客户的购买为企业带来的利润，而是指客户为企业创造的所有价值的总和，具体表现在以下几个方面。

1.1.1 客户是"摇钱树"

企业的利润来源不是品牌,品牌只是企业吸引客户的有效工具。再强势的品牌,如果没有客户追捧,同样是站不住脚的。这可以解释为什么有些知名品牌在异地发展时遭遇挫折——不是因为品牌本身出了问题,而是因为品牌没有被异地的客户所接受。

企业从创立起就和客户紧紧联系在一起,没有客户的购买,就没有企业的利润;没有客户的持续购买,就没有企业的发展壮大。因此,可以说,客户是企业的衣食父母,是企业的利润源泉,是企业的"财神""摇钱树""钱袋子"。

正因为如此,通用电气变革的带头人韦尔奇说:"企业无法提供职业保障,只有客户才行。"著名的管理学大师彼得·德鲁克说:"企业的首要任务是'创造客户'。"沃尔玛的创始人山姆·沃尔顿说:"企业实际上只有一个真正的老板,那就是客户。他只要用把钱花在别处的方式,就能将企业的董事长和所有雇员全都'炒鱿鱼'。"

"你们的脑袋要对着客户,屁股要对着领导。"这是任正非反复对下属说的话。他认为,大部分公司之所以会腐败,就是因为员工把力气花在讨好主管而非思考客户的需求上。因此,他明文禁止上司接受下属招待,就连开车到机场接机都会被他痛骂一顿:"客户才是你的衣食父母,你应该把时间和力气花在客户身上!"

1.1.2 客户是"播种机"

自古以来,人气就是商家发达的生意经。一般来说,人们的从众心理都很强,总是喜欢锦上添花,追捧那些"热门"企业。如果企业拥有庞大的忠诚客户群,这本身就是一个很好的广告、很有力的宣传、很有效的招牌。企业利用"从众心理",能够吸引更多的新客户。

所以,形象地说,客户是"播种机",因为满意和忠诚的客户会带来其他新的客户。也就是说,已经拥有较多客户的企业更容易吸引新客户,从而使企业的客户规模不断壮大。

1.1.3　客户是"整容镜"

客户的信息价值是指客户为企业提供信息，从而使企业更有效、更有的放矢地开展经营活动所产生的价值。根据来源划分，这些信息主要包括企业在建立客户档案时由客户无偿提供的信息，在企业与客户沟通过程中客户以各种方式（如抱怨、建议、要求等）向企业提供的各类信息。根据内容划分，这些信息包括客户需求信息、竞争对手信息、客户满意度信息等。

企业是为客户服务的，检验服务优劣的唯一标准就是客户评价。所以，形象地说，客户是"整容镜"，客户的意见、建议为企业的正确经营指明了方向，为企业制定营销策略提供了真实、准确的一手资料。

例如，当一些企业还在把"客户是上帝"视为口头禅、宣传口号时，创维集团隆重推出了"客户，您是总裁"的全新理念，提出了"大服务"的概念，即"不仅在售前、售中、售后提供服务，而且把企业的研发、生产、销售、维修看作一个整合起来的大服务链条，客户就是这一大服务链条的连接对象和价值实现的终极目标"。创维集团的"客户，您是总裁"之所以比"客户是上帝"更深刻，更符合新经济时代的要求，是因为以下三点。首先，立场的转变。客户从上帝变为总裁，完成了客户客体地位的主体化，这也是营销理念从4P到4C变化的根本。其次，形成利益共同体。客户作为总裁，是企业内部人，和企业是利益共同体，解决了双方利益对立的问题。最后，员工从向总裁负责转变为向客户负责。以前是总裁发工资，所以要向总裁负责，现在员工意识到客户才是衣食父母，所以必须首先满足客户的需要。

1.1.4　客户是"宣传队"

客户的口碑价值是指由于满意的客户向他人宣传该企业的产品或服务，吸引了更多的新客户，从而使企业销售增长、收益增加所创造的价值。所以，形象地说，客户是"宣传队"，他们会对其他人诉说正面或者负面的评价，从而影响他人对企业的兴趣。

研究表明，在客户购买决策的信息来源中，口碑传播的可信度最大，远胜于商业广告和公共宣传对客户购买决策的影响。因此，客户主动地推荐和口碑传播会使企业的知名度和美誉度迅速提升，另外，还可以降低企业的广告和宣传费用。

1.1.5 客户是对付竞争的利器

尽管当前企业间的竞争表现在品牌竞争、创新竞争、服务竞争等方面，但实质上都是在争夺客户。客户是企业生存和发展的基础。

另外，技术、资金、管理、土地、人力、信息等，很容易被竞争对手模仿或者购买，而企业拥有的"客户"很难被竞争对手模仿或者购买。忠诚的客户一旦形成，竞争对手往往要花费数倍的代价来"挖墙脚"（挖客户）。因此，从根本上说，判断一个企业的竞争力有多强，不仅要看企业的技术、资金、管理，更为关键的是要看它到底拥有多少忠诚的客户，特别是拥有多少忠诚的优质客户。

购买者在小咖啡店买杯咖啡只要 0.5 美元，而在星巴克却要 3 美元！这是为什么？没有谁强迫谁购买，购买者都是心甘情愿的，因为他们觉得值。所以，企业如果拥有较多的、乐意以较高的价格购买企业产品或服务的客户，就能在激烈的竞争中站稳脚跟，立于不败之地。

此外，企业拥有的客户越多，越可能获得规模效应，从而能够降低企业为客户提供产品或服务的成本，为客户提供更高价值的产品或服务。同时，如果企业拥有的客户众多，还会给其他企业带来较高的进入壁垒——"蛋糕"（市场份额）就那么大，一家企业拥有的客户多了，就意味着其他企业的客户就少了，从而使该企业在激烈的竞争中处于优势地位。可以说，忠诚、庞大的客户队伍是企业从容面对市场风云变幻的基石。

可见，客户是企业的衣食父母，是企业的命脉，是企业永恒的宝藏。

企业要实现盈利，必须依赖客户，没有客户，企业就会垮台！

可口可乐曾经扬言，如果今天工厂被烧了，那它第二天就可以另起炉灶，接着生产，继续供应可口可乐。可口可乐为什么这么"牛"？不就是因为它有着数以亿计的忠诚客户在翘首以盼吗？也正因为如此，可口可乐用于维系老客户和开发新客户的成本相当低。

SAS航空公司的前首席执行官简·卡尔森（Jan Carlson）认为，在企业资产负债表的"资产"一栏里记录几十亿美元的飞机价值，这是不对的，应该在"资产"一栏里记录企业拥有多少满意和忠诚的客户，因为企业唯一的资产是对企业提供的服务满意并且愿意再次消费的客户。

美国柯达公司为打开南美洲市场，斥资500万美元与以色列的某鸡蛋公司签订协议，要求在其出口到南美洲地区的鸡蛋上印上"柯达"的商标——柯达看中的正是以色列这家鸡蛋公司庞大的、忠诚的客户群。这家鸡蛋公司由于善于将其"客户关系"作为一项资产来经营，因此将500万美元收入囊中。

同样，国际足联也是利用了其拥有的"客户关系"——亿万球迷，而赚得盆满钵满。

知识扩展：客户资产与客户终身价值

客户资产（customer equity）就是将企业与客户的关系视作企业的一项可经营的资产。企业的客户资产也可以理解为企业所有客户终身价值的折现价值的总和。客户资产还包括企业与顾客、分销商和合作伙伴所形成的相互信任、相互合作的关系，是一种能为企业所运用、可以产生长期现金流的风险资产。

客户终身价值（customer lifetime value，CLV）是指一个客户一生所能给企业带来的价值，它是以客户带来的收益减去企业为吸引、推销、维系和服务该客户所产生的成本来计算的，并且要将这一现金量折算为现值。

客户带来的收益包括客户初期购买给企业带来的收益，客户重复购买给企业带来的收益，客户增量购买及交叉购买给企业带来的收益，由于获取与保持客户的成本降低及营销效率提高给企业带来的收益，客户向朋友或家人推荐企业的产品或服务给企业带来的收益，客户对价格的敏感性降低给企业带来的收益等。例如，可口可乐公司预测其一位忠诚客户50年能给公司带来的收益是1.1万美元，万宝路公司预测其一个忠诚客户30年能给公司带来的收益是2.5万美元，AT&T预测其一位忠诚客户30年能给公司带来的收益是7.2万美元，等等。

客户终身价值既包括历史价值，也包括未来价值，并随着时间的推移而增长。因此，企业千万别在意客户一次花多少钱，购买了多少产品或服务，而应该考虑他们一生可能给企业带来多少财富。现实中，客户往往因为一个心愿没有得到满足，从此不再光顾该企业，暂且不论一位客户离去所造成的各种负面效应或其他间接损失，单就失去一位老客户的直接损失就非常大。某企业评估其一位忠诚客户10年的终身价值是8000美元，并以此来教育员工一次失误很可能就会失去全部，要以8000美元的价值而不是一次20美元的消费额来接待每一位客户，提醒员工要时时刻刻让客户满意，才能确保企业得到客户的终身价值。

总之，企业好比是船，客户好比是水，水能载舟，亦能覆舟。企业要实现盈利，就必须依赖客户；要想在激烈的市场竞争中保持优势，保持长期、稳定的发展，就必须重视客户、经营客户。经营客户是企业经营的核心，企业通过经营客户就可以"提纲挈领"，实现企业经营的目的。

1.2 客户需要经营

客户需要经营吗？答案是肯定的，客户不但需要而且迫切需要经营！

哪个农夫不希望自己拥有一片良田沃土？可哪片良田沃土不是靠多年

的精耕细作造就的？！企业经营客户也是这个道理，企业要想拥有一群优质客户，就需要精心培育优质客户！

按照客户的状态，客户可划分为潜在客户、目标客户、现实客户、流失客户和非客户。

潜在客户是指对企业的产品或服务有需求和购买动机，有可能购买但还没有产生购买的人群。例如，已经怀孕的女性很可能就是婴幼儿产品的潜在客户。

目标客户是企业经过挑选后确定的力图开发为现实客户的人群。例如，劳斯莱斯就把具有很高地位的社会名流或取得巨大成就的人士作为自己的目标客户。

潜在客户与目标客户的区别在于，潜在客户是指有可能购买但还没有购买的客户，目标客户则是企业主动"瞄上"的尚未有购买行动的客户，属于企业"单相思"的对象。当然，客户与企业可以"一见钟情"、相互欣赏、"两情相悦"。也就是说，潜在客户和目标客户是可以重叠或者部分重叠的。

现实客户是指已经购买了企业的产品或服务的人群。按照客户与企业之间关系的亲疏程度，现实客户又分为初次购买客户（新客户）、重复购买客户和忠诚客户三类。初次购买客户（新客户）是对企业的产品或服务进行第一次尝试性购买的客户；重复购买客户是对企业的产品或服务进行了两次及两次以上购买的客户；忠诚客户是对企业的产品或服务持续地、指向性地重复购买的客户。忠诚客户是企业最可以信赖的客户，他们是企业的产品或服务的长期、持续、重复的购买者，他们的忠诚也表明企业现有的产品或服务对他们来说是有价值的。

流失客户是指曾经是企业的客户，但由于种种原因，现在不再购买企业的产品或服务的客户。

非客户是指那些与企业的产品或服务无关或者因种种原因不可能购买企业的产品或服务的人群。

客户的状态如图 1-1 所示。

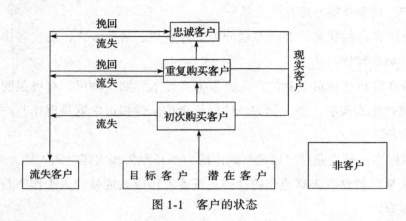

图 1-1　客户的状态

客户的状态之间是可以相互转化的。比如，潜在客户或目标客户一旦采取购买行为，就变成企业的初次购买客户，初次购买客户如果经常购买同一企业的产品或服务，就可能发展为企业的重复购买客户，甚至成为忠诚客户。但是，初次购买客户、重复购买客户、忠诚客户也会因其他企业更有诱惑的条件或因为对企业不满而成为流失客户，流失客户如果被成功挽回，又可以直接成为现实客户。

总之，客户需要开发。开发成功的客户也未必会盲目地重复购买；重复购买客户也未必"愚忠"，更不会忍气吞声、吃哑巴亏；重复购买客户也未必会成为忠诚客户……所以，客户需要经营，企业必须经营"好客户"！而且，经营客户不可能一劳永逸，需要企业长期花心思、花代价去经营！

例如，宝洁公司是美国最大的日用洗涤、护肤品制造公司。沃尔玛曾经要求宝洁公司降低商品价格，否则就不再销售它的产品，宝洁公司却认定没有它的产品，沃尔玛就会经营不下去。沃尔玛的采购主管回答说："那你们就等着瞧好了，我会把高露洁的产品摆在你们产品的旁边，而且每样都比你们的产品便宜一点点，看最后是谁撑不下去。"但最后，两家公司的高层主管经过会晤，就建立全新的供应商与零售商关系达成了协议，提出双方的主要目标和关注焦点始终应该是不断改进工作，为客户提供良好的服务和丰富、优质的商品，保证客户满意。

此后，宝洁安排了一个战略性客户管理小组与沃尔玛公司总部的工作人员一起工作，双方共同制定了长期合约。宝洁还向沃尔玛公司透露了各类产品的成本价，保证沃尔玛有稳定的货源，并享受尽可能低的价格。双方还共同讨论了运用计算机交换每日信息的方法，宝洁每天将各类产品的价格信息和货源信息通过计算机传给沃尔玛，而沃尔玛每天通过计算机把连锁店的销售和存货信息传给宝洁。

宝洁与沃尔玛的这种合作关系，一方面，让宝洁更加高效地管理存货，节约了300亿美元左右的资金，而且毛利增加了约11%；另一方面，使沃尔玛能做到价格低廉、种类丰富，从而使其客户受益。

1.3 客户怎样经营

1.3.1 要选择"好客户"

不是所有购买者都会成为企业的客户，也不是所有客户都能够给企业带来收益，开发客户、实现客户忠诚的前提是正确选择客户。如果对客户不加选择，可能造成企业定位模糊不清，不利于树立鲜明的企业形象。因此，经营客户首先要选择"好客户"！

仔细挑选特定的经营对象，是企业在经营客户上争取主动的一种策略，是成功经营客户的基础。

1.3.2 要想办法获得客户

要想经营客户，必须想办法获得客户！

获得客户有两种途径：一种是企业主动出击，先找到客户，然后想办法说服他们购买企业的产品或服务；另一种是企业通过有吸引力的产品或服务、有吸引力的价格、有吸引力的促销，以及购买的便利性，让客户自己上门购买企业的产品或服务。

当企业采用前一种途径时，客户的购买很可能是被动的、勉强的，需要企业委曲求全，而采用后一种途径时，客户的购买很可能是主动的、满心欢喜的，企业可以张扬个性。因而后一种途径是企业获得客户的理想途径。

1.3.3 要想办法让客户满意

客户只有对自己以往的购买经历感到满意，才可能重复购买同一家企业的产品或服务。另外，客户满意还可以节省企业维系老客户的费用，同时，满意客户的口头宣传还有助于降低企业开发新客户的成本，并且有助于树立良好的企业形象。

随着市场竞争的加剧，客户拥有了越来越多的选择空间。因此，企业竞争的关键是比较哪家企业更能够让客户满意。谁能更好地、更有效地满足客户需要，让客户满意，谁就能够获得竞争优势，从而战胜竞争对手，赢得市场。

可见，经营客户就要想办法让客户满意。

1.3.4 要想办法保留客户

随着科学技术的发展，企业的生产技术和生产效率得到了很大的提高，不同的企业提供的产品或服务的差别越来越小，客户流失变得很容易，客户保留却越来越难。然而，偏偏有好些企业把主要资源都用在了对新客户的开发上，只关心如何获取新客户、招揽新客户，却忽略了保持已有的老客户。于是，伴随着新客户的到来，老客户流失了，从而动摇了企业的经营基础。

客户忠诚可以节省企业开发客户的成本，同时降低交易成本和服务成本，还可以使企业的收入增长，并且获得溢价收益。客户忠诚还可以降低企业的经营风险并提高效率，使企业获得良好的口碑效应和客户数量的增长，从而壮大企业的客户队伍……总之，客户忠诚是企业稳定的收入来源，是企业取得长期利润的保障。如果企业拥有大批忠诚的客户，无疑就拥有了稳定的市场。可以说，忠诚、庞大的客户队伍是企业从容面对市场风云变幻的基石。

因此，经营客户就要想办法留住客户，特别是要留住优质客户。

1.3.5　要想办法让客户创造更多价值

我们知道，每个客户给企业带来的价值是不同的。有的客户提供的价值可能比其他客户多 10 倍、100 倍，甚至更多，而有的客户不能给企业带来多少利润，甚至还会吞噬其他客户带来的利润。客户除了当前为企业创造的贡献不同外，未来给企业带来利润贡献的潜力也会不同，有些客户具有给企业带来更多利润贡献的潜力，而有的客户则没有这种潜力或者潜力很小。

因此，企业经营客户就应当区别对待做出不同贡献、拥有不同潜力的客户，并采取不同的提升策略与鼓励措施，想办法让客户创造更多的价值。一方面，企业要发现和挖掘利润贡献大、未来有潜力创造更高价值的客户，并且为他们提供上乘的产品和服务，给他们特殊的礼遇和关照，持续不断地提高他们的满意度，维系他们对企业的忠诚。同时要激励和奖励他们增量购买和交叉购买，促进其不断地为企业创造更多的价值！另一方面，企业要刺激和鞭策有潜力的客户不断升级，以争取享受更高级别客户所拥有的"优待"。同时，企业要降低为利润贡献小、未来创造更高价值潜力小的客户服务的成本。只有这样，企业才能让客户创造更多的价值，实现经营客户的目标。

1.3.6　要想办法挽回流失客户

如今在各种因素的作用下，客户流失的现象时有发生。客户流失如同釜底抽薪，让企业多年的心血付之东流。如果企业对客户的流失听之任之，任其成为非客户或竞争对手的客户，那企业就会出现危机。因此，企业要想办法让流失的客户回头，继续为企业创造价值。

1.4 数据挖掘技术在经营客户中的应用

数据挖掘技术在经营客户中有以下三种应用。

（1）**客户画像**。交互设计之父艾伦·库珀（Alan Cooper）最早提出了用户画像（persona）的概念。用户画像又称人群画像，是根据用户人口统计学信息、社交关系、偏好习惯和消费行为等信息而抽象出来的标签化画像，包括客户基本属性、购买能力、行为特征、兴趣爱好、心理特征、社交网络等信息。企业可以基于客户终端信息、位置信息、消费等丰富的数据，为每个客户打上人口统计学特征、消费行为和兴趣爱好标签，并借助数据挖掘技术（如分类、聚类、RFM等）进行客户分群，完善客户的360度画像，深入了解客户的行为偏好和需求特征。

（2）**精准营销和个性化推荐**。企业在客户画像的基础上对客户特征进行深入理解，实现精准营销，为客户提供定制化的服务；优化产品和定价机制，实现个性化营销和服务，提升客户体验与感知。

（3）**客户生命周期管理**。客户生命周期管理包括新客户获取、客户成长、客户成熟、客户衰退和客户离开五个阶段的管理。在新客户获取阶段，企业可以通过算法挖掘和发现高潜客户；在客户成长阶段，企业通过关联规则等算法进行交叉销售，提升客户人均消费额；在客户成熟阶段，企业可以通过大数据方法（RFM、聚类等）进行客户分群，并进行精准推荐，同时对不同客户实施忠诚计划；在客户衰退阶段，企业需要进行流失预警，提前发现高流失风险客户，并付出相应的客户关怀；在客户离开阶段，企业可以通过大数据挖掘高潜回流客户。

1.5 数据库技术在经营客户中的应用

数据库是信息的中心存储库，由一条条记录构成，记载着相互联系的一组信息。数据库是面向主题的、集成的、相对稳定的、与时间相关的数据集合，能够及时反映市场的实际状况，是企业掌握市场的重要途径。

客户数据库是企业运用数据库技术，收集现实客户、目标客户的综合数据资料，追踪和掌握他们的情况、需求和偏好，并且进行深入的统计、分析和数据挖掘，从而使企业的营销工作更有针对性的一项技术措施，是企业维护客户关系、获取竞争优势的重要手段和有效工具。由于客户数据库是企业经过长时间对客户信息（客户的基本资料和历史交易行为）的积累和跟踪建立起来的，剔除了一些偶然因素，因而对客户行为的判断是客观的。

根据美国数据库营销研究所亚瑟·休斯（Arthur Hughes）的研究，客户数据库中有三个神奇的要素，这三个要素构成了数据分析的最好指标：最近一次消费（recency）、消费频率（frequency）、消费金额（monetary）。

最近一次消费是指客户上一次购买的时间，它是维系客户的一个重要指标，可以反映客户的忠诚度。一般来说，客户上一次消费时时间越近越理想，因为最近才购买本企业产品或服务的客户是最有可能再购买的客户。要吸引一位几个月前购买本企业产品或服务的客户，比吸引一位几年前购买的客户要容易得多。如果最近一次消费的时间离现在很久远，说明客户很长时间没有光顾，企业就要调查客户是否已经流失。最近一次消费还可以监督企业目前业务的进展情况——如果最近消费的客户人数增加，表示企业发展稳健；如果最近一次消费的客户人数减少，则表明企业的业绩可能滑坡。

消费频率是指客户在限定的时间内购买本企业的产品或服务的次数。一般来说，最频繁购买的客户，可能是满意度最高、忠诚度最高的客户，可能是最有价值的客户。

消费金额是客户购买本企业的产品或服务而花费的金额。通过比较客户在一定期限内购买本企业的产品或服务的数量，可以知道客户购买态度的变化，如果购买量下降，则要引起企业足够的重视。

综合分析上述指标可以帮助企业识别最有价值的客户、忠诚客户和即将流失的客户。将最近一次消费和消费频率结合起来分析，可判断客户下一次购买是什么时候。将消费频率、消费金额结合起来分析，可计算出在一段时间内客户为企业创造的利润，从而帮助企业明确谁才是最有价值的客户。当客户最近一次消费离现在很远，并且消费频率或消费金额也出现显著下降时，说明这些客户很可能即将流失或者已经流失，这时企业应采取相应的对策，如对其重点拜访或联系等。

1.6 大数据技术在经营客户中的应用

大数据具有5V特点：大量（volume）、高速（velocity）、多样（variety）、价值密度（value）、真实性（veracity）。大数据分析指的是在数据密集型环境下，对数据科学的再思考和进行新模式探索的产物。随着大数据技术的发展，企业可以得到关于客户的各种数据，比如年龄、性别、住址、收入、购物习惯……企业甚至可从众多的数据中勾勒出客户的虚拟画像。

大数据计算和运用，可以帮助企业搜集消费数据，并对其进行分析，可推断出客户的个人偏好、需求等，进一步预测客户将来的购物行为和需求，从而将相对应的产品信息精准地推送到客户面前，最大限度地挖掘市场机会。比如，美国的一个经典案例讲的是一个16岁的女孩收到商场孕妇用品的促销券，她的父亲愤怒地去找商场讨公道，却没想到女儿是真的怀孕了。原来这家商场基于大数据分析，在很小的误差范围内预测到了女孩怀孕的可能性，从而及早抢占了市场先机。

大数据、云计算等不仅是技术的变革，也改变了人们的思维方式，即从以前对因果关系的挖掘转变为如今对相关关系的挖掘。管理者通过对客户的所有数据进行相关性分析、聚类分析，可以对客户群体进行偏好分类、年龄层分类、消费习惯分类等，并根据类别做出相应的销售策略、服务策略，以期满足客户的个性化需求。

以马蜂窝提供的旅游服务为例，当客户通过马蜂窝的网站、应用软件进行在线搜索、享受旅行服务时，线上相关的浏览数据（如目的地、旅游时间段、机票航班、酒店住宿、游玩项目等数据）都会传到云端，结合其他客户的个人数据，马蜂窝可对该客户的行为偏好进行聚类分析，从而为该客户推荐相应的旅游服务项目，以贴合客户的旅游服务需求。

在大数据时代，企业基于大数据分析及其背后的数据逻辑，准确地预测、分析市场，并在此基础上制定出相应的营销策略，这些策略将更准确、更有针对性，也更实用。基于大数据分析平台，企业还可通过购买集中度分析等手段，集中更多的促销资源回馈高价值、高贡献的客户。

案例：大数据技术在商业银行客户关系管理中的应用

商业银行通过对大型企业的经营管理状况、资金周转周期、竞争对手的经营状况等数据进行分析，可以为大型企业客户提供系统、及时的服务，满足其在资金使用上的及时性需求，从而增加客户对商业银行的黏性和满意度、忠诚度。

同样，商业银行利用大数据技术对中小企业的风险状况、信用进行评估，能够迅速针对中小企业客户的融资问题做出决策。同时，商业银行通过大数据能够帮助中小企业提高闲置资金的利用率，提高中小企业的还款能力，降低商业银行的风险。

对于个人客户而言，商业银行可以通过个人客户的账户数据、交易消费数据、电子平台操作记录数据分析出个人客户对风险的偏好、消费习惯、消费能力等信息，从中识别出商业银行所需的优质客户，并提供个性化的服务来满足不同客户的需求。

此外，商业银行利用大数据对已流失客户群体的行为习惯等因素进行分析，可以分析出流失的客户群体的特点、流失的原因，并根据实际情况采取相应的策略进行挽回。

| 第 2 章 |

经营什么样的客户好

客户选择是企业在客户细分的基础上，对各细分客户群的盈利水平、需求潜力、发展趋势等情况进行分析、研究和预测，最后根据自身状况、竞争状况，选择和确定一个或几个细分客户群作为自己的服务对象。

一般来说，在买方占主导地位的市场条件下，客户可以自由选择企业，而企业是不能够选择客户的，大多数时候企业只能将客户当作上帝来对待，祈求客户的光顾与购买。但是，从另外一个角度来看，即使在买方占主导地位的市场条件下，作为卖方的企业还是应当主动去选择自己的客户。

2.1 不是所有的购买者都会是企业的客户

一方面，每个客户有不同的需求，需求的个性化决定了不同的客户会向不同的企业购买产品。例如，劳斯莱斯是世界顶级轿车，誉满全球，可是并不是所有人都能够买得起，对于没有足够的购买力的人来说，他们就不需要劳斯莱斯（当然，如果不用花钱那就需要）。

另一方面，企业的资源是有限的，无论是人力、财力、物力，还是生产能力、时间都是相对有限的，这就决定了企业不可能什么都做。没有任何一家企业能提供市场上需要的所有产品或服务，也没有任何企业能把全世界的钱都挣到手。例如，奔驰、宝马打的是富有群体的主意，而夏利、吉利关注的是老百姓。

此外，竞争者的客观存在，也决定了任何一家企业都不可能"通吃"所有的购买者，不可能为所有的购买者提供产品或服务。

总之，由于需求的差异性、企业资源的有限性以及竞争者的客观存在，企业能够有效地为其提供服务的客户类别和数量是有限的，市场中只有一部分购买者能成为购买本企业产品或服务的实际客户，其他则是非客户。既然如此，在那些不愿意购买或者没有购买能力的非客户身上浪费时间、精力和金钱，将有损企业的利益，无异于"对牛弹琴"。相反，企业如果能准确地选择属于自己的客户，就可以避免花费在非客户上的成本，从而减少企业资源的浪费。

2.2　不是所有的客户都能够给企业带来收益

有一种流行的观点是"客户是上帝""客户总是对的""客户越多越好"。在特定的条件下强调客户的重要性时，可以这么说，但是这不等于可以无限夸大客户的作用和他们带来的价值，因为他们有时候不但没有带来收益，还可能给企业带来损失。《财富》中文版封面上就曾印着"有的客户可能在让你丢钱，让你赔本"。如果一个客户拿了企业的东西而不付钱，企业还信守"客户是上帝""客户总是对的""客户越多越好"，这就可笑了。

例如，有家公司打算选择合适的地区经销商进行全国性的市场销售，张勇是该公司的业务代表，负责选择地区经销商。他看到当地有位姓钱的经销商很有实力，与很多品牌厂家都有合作关系，并且有业务员100多名，运输车辆20余辆，心想可以借助这个经销商打开地区市场。于是，他找到这个姓钱的经销商，谈了合作事宜，姓钱的经销商一口答应，但仅仅半年，姓钱的经销商就让公司亏损货款70多万元……可见，不是所有的客户都能够给企业带来收益。

事实上，客户天生就存在差异，有优劣之分，不是每个客户都能给企业带来同样的收益，都能给企业带来正价值。有的客户可能是"麻烦的制造者"，他们或者侮辱、刁难员工，或者骚扰其他客户，或者破坏经营气氛，或者提出不合理的要求，不管企业做出多大的努力，都不能令他们满意。甚至，有的客户还会给企业带来风险，如信用风险、资金风险、违约风险等，并且有时候这些风险可能超过其为企业带来的价值。

美国人威廉·谢登的 80/20/30 法则认为：位于顶部的 20% 的客户创造了企业 80% 的利润，但其中一半的利润被底部的 30% 非盈利客户消耗掉了。也就是说，一些优质客户给企业带来的超额价值，通常被许多"坏客户"给扼杀了。他们不仅花费企业高额的服务费用，还可能会形成呆账、死账，使企业"赔了夫人又折兵"——不但得不到利润，还要赔钱。企业应将这样的客户辨别出来，并且一开始就将这些"坏客户"淘汰、剔除！

总之，客户数量已经不再是衡量企业盈利能力的唯一指标，客户质量的重要性已经在一定程度上高过了客户数量的重要性，客户质量在很大程度上决定着企业盈利的多少。因此，守株待兔的思想是要不得的，企业应当放弃任何客户对企业都是有价值的想法，应注意选择真正有价值的客户。

2016 年 2 月 1 日，中国国际航空股份有限公司、中国东方航空股份有限公司、中国南方航空股份有限公司、海航集团有限公司、春秋航空股份有限公司五家航空公司在三亚签署《关于共同营造文明乘机大环境的联合声明》，合力对不文明游客采取限制措施。按照《关于共同营造文明乘机大环境的联合声明》，五家航空公司将建立"旅客不文明记录"，将因扰乱航空公司航空运输秩序而受到行政处罚、刑事处罚，或被民航、旅游等相关行业管理机构列入"不文明记录"（业界称为"黑名单"）的旅客列入其中；建立信息共享机制，航空公司将掌握的扰乱航空运输秩序而受到行政处罚、刑事处罚的事件信息，通报给民航、旅游等相关行业主管部门和行业协会；

在信息保存期限内，五家航空公司对列入"旅客不文明记录"的相关当事人采取一定的限制服务措施。

2.3　不选择客户可能造成企业定位模糊

客户之间的需求也是有差异的，企业如果不选择客户，就不能为之量身定做产品或服务。另外，形形色色的客户共存于同一家企业，可能会造成企业定位模糊，导致客户对企业的印象产生混乱。

例如，一家为专业人士或音乐发烧友生产高保真音响的企业，如果选择进入"大众音响"细分市场无疑是危险的，因为这样会破坏它生产高档音响的形象。同样，五星级酒店在为高消费的客户提供高档服务的同时，也为低消费的客户提供廉价的服务，就可能令人对这样的五星级酒店产生疑问。相反，如果企业主动选择特定的客户，明确客户定位，就能够树立鲜明的企业形象。

例如，美国的"林肯"汽车定位于高档市场，"雪佛兰"汽车定位于中档市场，而"斑马"汽车则定位于低档市场。又如，新加坡航空公司、汉莎航空公司定位于高端市场，以航线网络的全方位服务和品牌优势为商务乘客服务；而美国西南航空公司和西方喷气航空公司定位于低端市场，为价格敏感型乘客提供服务。

主动选择客户是企业定位的表现，是一种化被动为主动的思维方式，既体现了企业的个性，也体现了企业的尊严，更决定了企业的命运。

例如，劳斯莱斯之所以成为世界公认的名车，成为地位和身份的象征，有一个重要的原因就是它对客户的背景严加考证和遴选——只卖给国家元首、皇室成员、绅士名流、商界富豪，而且不同的客户类型，车身颜色也有区别——黑蓝色的银灵系列卖给国家元首、政府高级官员、有爵位的人；中性颜色的银羽系列卖给绅士名流；白、灰浅色的银影系列卖给一般企业家、富豪。劳斯莱斯还有一个规矩，即不会将车卖给钱财来历不明或有黑社会背景的人。想买劳斯莱斯需要预订并递交申请资料，在劳斯莱斯公司对申请人的背景、身份、地位、文化教养及经济状况做了调查之后，如果买家的条件符合要求，他们才会将车卖出。正是劳斯莱斯对客户的挑剔突显和烘托了其珍贵性，成就了劳斯莱斯"车坛太上皇"的地位。

2.4 选择正确的客户是成功开发客户及实现客户忠诚的前提

我们知道，饥不择食可能会消化不良、中毒，甚至出现更严重的后果。

我们还知道，要做成一件事，首先要选择做正确的事，然后再想办法把它做成，否则就会越做越糟。

同样的道理，企业如果选错了客户，一方面，建立客户关系的难度可能就比较大，成本也可能比较高，而且在建立客户关系之后，维护客户关系的难度也比较大，成本也会比较高，企业会感到力不从心，很难为客户提供相应、适宜的产品或服务；另一方面，客户也会不领情，不会乐意为企业买单。

例如，当年宝洁在中国正式推出润妍时把目标群体定位于18～35岁被称为"新新人类"的年轻女性，促销也围绕这些女性进行，产品的定位是"东方女性的黑发美"。但是，仅仅两年，润妍就因销量不佳而销声匿迹。究其原因是宝洁相中的"新新女性"根本不买润妍的账，她们正孜孜以求地企图改变自己的发色！而中国市场中对于黑发这一概念有兴趣并打算购买的人多为购买力不强的家庭妇女，她们却被宝洁抛到脑后。最终润妍以失败告终。

又如，一些小企业忽视了对自身的分析与定位，没有采取更适合自身发展的战略（如市场补缺战略等），盲目采取进攻战略，与大企业直面争夺大客户，最终导致其处于被动、尴尬甚至危险的局面——这样做使企业既失去了小客户，又没有能力为大客户提供相应的服务，而遭遇大客户的不满，同样也留不住大客户，结果是两手空空。

相反，企业如果认真选择，选对了目标客户，那么建立、提升、维护客户关系的可能性就很大，成本也会很低。

例如，美国近些年来增长最快的共同基金——先锋基金正是由于选择了那些喜欢成本低、波动小的指数基金的投资者作为自己的目标客户，并且专注于为其提供优质的服务，从而赢得了一大批忠诚且稳定的客户。

又如，HIS创始人泽田秀雄在东京新宿车站附近的一幢大楼里租了一间屋子并雇了一名职员，他用自己留学归来所赚到的苦力钱再加上投资股票所得的共1000万日元作为资本，创办了一家以供应廉价机票为特色的国际旅行社。日本到海外旅游的人每年不过三四百万，且以团体旅游为主，日本的大型旅行社经营的主要是团体旅游。HIS看准了个人旅游尚未被重视的市场空隙，异军突起，打出了以接待散客尤其是青年学生为主的经营旗号，同时建立了一个比国际机票便宜的廉价机票销售机制，并以此为特色，跻身于竞争激烈的日本旅游业。由于市场定位准确，HIS的业务蒸蒸日上，不出几年，便有了令人刮目相看的业绩。

实践证明，客户忠诚度高的企业往往更重视选择客户，它们非常清楚自己的目标客户是谁，在最初决定是否开发一个客户时不是考虑一时的利益，而是从双方长远合作的角度考虑，挑选自己称心如意的经营对象、合作伙伴。

2.5 选择正确的客户能增加企业的盈利

客户稳定是企业销售稳定的前提，稳定的客户给企业带来的收益远大于经常变动的客户，而客户的每一次变动对企业来说可能意味着风险，所以，不到万不得已的时候企业一般不考虑更换客户。这就要求企业首先要区分哪些客户是能为企业带来盈利的，哪些客户不能，然后根据自身的资源和客户的价值选择那些能为企业带来盈利的客户作为目标客户。

经过一系列的限制条件（如规模、资金、信誉、管理水平、技术实力等）被选择的客户肯定会珍惜与企业的合作机会，企业也清楚这些客户是自己真正需要的客户，是企业的重要资源和财富。假如企业能够为这些最有价值的客户提供优质的产品或服务，并且不断地满足这些客户的特定需求，那么企业就将得到长期、稳定、高额的回报，企业的业绩将稳步提高。

总而言之，不是所有的购买者都是企业的客户，也不是所有的客户都能够给企业带来收益。不选择客户可能造成企业定位模糊，而正确选择客户是企业成功开发客户、实现客户忠诚的前提，选择正确的客户还能增加企业的盈利能力。因此，企业应当在茫茫人（客）海中选择属于自己的客户，而不应当以服务天下客户为己任，不可把所有的购买者都视为自己的目标客户。对企业来说，应当尽快抛弃和停止所有好高骛远的想法、做法。有所舍，才能够有所得，企业盲目求多求大，结果可能是失去所有的客户。

仔细挑选特定的客户是企业在处理客户关系上争取主动的一种策略，是成功建立、维护客户关系的基础，是企业对客户关系进行有效管理的前提。

2.6 什么样的客户是"好客户"

"好客户"指的是能够给企业带来的利润多、价值多、贡献大，而占用企业的资源少、给企业带来的风险小的客户。

一般来说，"好客户"通常要满足以下几个方面的条件。

1. 买得多、买得勤、买得贵

买得多、买得勤、买得贵，即购买欲强、购买力大、购买频率高，有足够大的需求量来购买企业提供的产品或服务，特别是对企业的高利润产品的购买数量多。菲利普·科特勒将有利益的客户定义为：能不断产生收入流的个人、家庭或公司,其为企业带来的长期收入应该超过企业长期吸引、销售和服务该客户所花费的可接受范围内的成本。

2. 能够保证企业盈利

"好客户"最起码的条件是能够给企业带来盈利,至少是给企业带来的收入比企业为其提供产品或服务所花费的成本高,这样才基本上算是个"好客户"。此外,"好客户"对价格的敏感度低,付款及时,有良好的信誉。信誉是合作的基础,不讲信誉的客户,条件再好也不能合作。

3. 服务成本较低

对企业而言,"好客户"最好不需要多少服务或对服务的要求低。这里的服务成本是相对而言的,而不是绝对数据的比较。例如,一个大客户的服务成本是 200 元,银行净收益是 10 万元,那这 200 元的服务成本就显得微不足道;而一个小客户的服务成本是 10 元,但银行的净收益只有 20 元,虽然 10 元的服务成本在绝对数值上比 200 元少很多,但相对服务成本却大了很多倍。

4. 经营风险小,有良好的发展前景

客户的经营现状是否正常,是否具有成长性,是否具有核心竞争力,经营手段是否灵活,管理是否有章法,资金实力是否足够,分销能力是否强大,合作关系是否良好,以及国家的支持状况、法律条文的限制情况等都对客户的经营风险有很大的影响。企业只有对客户的发展背景与前景进行全面、客观、愿景性的分析,才能对客户有一个准确的判断。

5. 愿意与企业建立长期的伙伴关系

客户能够正确处理与企业的关系,合作意愿高,忠诚度高,让企业做其擅长的事,通过提出新的要求友善地引导企业怎样超越现有的产品或服务，从而提高企业的服务水平。例如，银行选择好的贷款客户的标准大致有：法人治理结构完善，组织结构与企业的经营战略相适应，机制灵活，管理科学；有明确可行的经营战略，经营状况好，经营能力强，与同类型客户相比，有一定的竞争优势；有可供抵押的资产，贷款风险小；财务状况优良，财务结构合理，现金回流快；产品面向稳定增长的市场，与供应商和分销商的合作良好；属于国家重点扶持或鼓励发展的行业，符合产业技术政策的要求。

6. 有市场号召力、影响力

还有一类客户，虽然他们的订单量相对来说并不是很多，但他们有较好的市场影响力、知名度，在其所处行业起着龙头示范作用，能给企业带来非常好的市场绩效，提升企业的美誉度，毫无疑问，这样的客户也是"好客户"，因为他们是具有战略价值的客户。

相对来说，"坏客户"就是：只向企业购买很少一部分产品或服务，要求却很多，花费了企业高额的服务费用，使企业为其消耗的成本远远超过他们给企业带来的收入；不讲信誉，给企业带来呆账、坏账、死账以及诉讼等，给企业带来负效益，他们是一群时时刻刻在消耗企业资产的"蛀虫"，也许会让企业连本带利输个精光；让企业做其不擅长或做不了的事，分散企业的注意力，使企业改变经营方向，与自身的战略和计划相脱离。

应当注意的是，"好客户"与"坏客户"是相对而言的，只要具备一定的条件，他们之间是有可能相互转化的："好客户"可能会变成"坏客户"，"坏客户"也可能会变成"好客户"。因此，不要认为客户一时好就会永远好，企业要用动态的眼光来评价客户的好与坏。企业如果不注意及时、全面地掌握、了解与追踪客户的动态（如客户的资金周转情况、资产负债情况、利润分配情况），等到"好客户"变为"坏客户"时，将为时晚矣、追悔莫及！

2.7 大客户不等于"好客户"

通常购买量大的客户被称为大客户，购买量小的客户被称为小客户，显然，大客户往往是所有企业关注的重点。但是，如果认为所有的大客户都是"好客户"，企业应不惜一切代价吸引和保持大客户，这就是一个误区，企业就要为之承担风险了，这是因为许多大客户可能给企业带来以下风险。

1. 财务风险大

大客户在付款方式上通常要求赊销，这就容易使企业产生大量的应收账款，而较长的账期可能给企业经营带来资金风险，因而大客户往往也容易成为"欠款大户"，甚至使企业承担呆账、坏账、死账的风险。

例如，美国能源巨头安然公司一夜之间轰然倒塌，为其提供服务的安达信公司受其牵连而破产。这个例子很好地说明了大客户有时候带来的可能是更大的风险。

2. 利润风险大

大客户有大客户的通病——客户越大，脾气、架子就可能越大。另外，大客户所预期获得的利益也大，某些大客户凭借其强大的买方优势和砍价实力，或利用自身的特殊影响与企业讨价还价，向企业提出减价、价格折扣、强索回扣、提供超值服务甚至无偿占用资金等方面的额外要求。因此，这些购买量大的客户可能不但没有给企业带来太多价值，没有为企业带来预期的盈利，反而降低了企业的获利水平，使企业陷于被动局面。

例如，很多大型零售商设立进场费、赞助费、广告费、专营费、促销费、上架费等费用，从而使企业（供应商或生产商）的资金压力变大，增加了企业的利润风险。

3. 管理风险大

大客户往往容易滥用其强大的市场运作能力，扰乱市场秩序，如窜货、私自提价或降价等，给企业的正常管理造成负面影响，尤其会对小客户的生存构成威胁——而企业需要这些小客户起拾遗补阙的作用。

4. 流失风险大

一方面，激烈的市场竞争往往使大客户成为众多商家尽力争夺的对象，大客户因而很容易被腐蚀、被利诱而背叛。另一方面，在经济过剩的背景下，产品或服务日趋同质化，品牌之间的差异越来越小，大客户选择新的合作伙伴的风险不断降低。这两方面加大了大客户流失的可能性，他们随时都可能叛离企业。

5. 竞争风险大

大客户往往拥有强大的实力，容易采取纵向一体化战略，另起炉灶，经营与企业相同的产品，从昔日的合作伙伴变为竞争对手。例如，恒基伟业的老板原本是名人掌上电脑的经销商，结果其利用自身的渠道优势自立了门户。

2.8　小客户可能是"好客户"

对于什么样的客户是"好客户"的标准，要从客户的终身价值来衡量。然而，某些企业缺乏战略思维，只追求短期利益和眼前利益，而不顾长远利益，对客户的认识只是着眼于眼前客户能够给企业带来多少利润，很少考虑客户在未来可预期的时间内能带来多少利润。因此，一些暂时不能带来利润甚至给企业造成一些亏损，但长远来说很有发展潜力的小客户没有引起企业足够的重视，甚至被遗弃，更不要说得到企业的扶持。

事实上，小客户不等于劣质客户，有些小客户能够给企业带来较多的利润，做出较大的贡献，占用企业的资源较少，给企业带来的风险也较小，过分强调当前客户给企业带来的利润，很可能会导致企业错失未来的大客户、

"好客户"。

例如，在20世纪80年代初期，个人计算机还是一个很小的市场，那时IBM最有价值的客户是主机用户，因此，IBM决定放弃追求个人计算机这个小市场，虽然它在这个市场上有绝对的优势。然而，个人计算机市场是20多年中增长最快的市场之一，并且主宰了整个计算机市场。微软因生产个人计算机软件而成为世界上最大的公司之一，戴尔、联想和许多其他公司因为生产个人计算机而享誉全球。相反，IBM错失良机，在个人计算机市场上越来越落后于竞争对手，最终不得不主动出局。

又如，家电经销商"国美"在初创时并不突出，但它有着与众不同的经营风格，如今已经成长为家电零售的"巨鳄"。同样，2000年成立的"百度"在短短数年间就从一家名不见经传的小企业成长为一家大企业……它们都是从"蚂蚁式"的企业成长为"大象式"的企业的实例。

可见，小客户有可能是"好客户"，企业对客户的评判要科学，不能只看表象，不能只根据客户某一时点的表现就轻易否定，不要因为目前客户"小"就盲目抛弃，那样就可能使客户被"误杀"——看似丢了一个"芝麻"，实际上是丢了一个"西瓜"，企业要用动态的眼光看趋势、看潜力。

2.9 经营什么样的客户好

当企业的战略定位和客户定位确定以后，就应当考虑如何选择目标客户，企业选择目标客户应遵循以下五个指导思想：①选择与企业定位一致的客户；②选择"好客户"；③选择有潜力的客户；④选择"门当户对"的客户；⑤选择与"忠诚客户"具有相似特征的客户。

2.9.1 选择与企业定位一致的客户

企业选择目标客户时要从实际出发，要根据企业自身的定位和目标来选择经营对象，以选择与企业定位一致的目标客户为好。

例如，小米科技正式成立于 2010 年 4 月，是一家专注于智能手机软件开发的移动互联网运营公司。小米手机是小米公司独立研发的智能手机，产品坚持"为发烧而生"的设计理念，公司首创了用互联网模式开发手机操作系统、发烧友参与开发改进的模式，将全球顶级元器件供应商的产品和最新的移动通信技术运用到每台手机，并且通过公司网站在线销售，超高的性价比使每款小米产品都成为消费者关注的焦点。小米手机的客户定位为：年轻（18～35 岁）、高学历的网络用户。他们大多为理工科专业背景，对技术特别是 IT 痴迷，拥有一定的技术知识，喜欢玩手机、上网，习惯网络购物和从网络获取信息，容易接受新事物，有消费主见，不喜欢随大流。可见，小米手机的客户定位与小米公司的定位是一致的。

美国西南航空公司为了与其他航空公司进行差异化竞争，将目标客户定位于对航空票价敏感的低端市场，提供经常性的相对短途的美国国内航班。飞机上不设商务舱和头等舱，而且对航空服务进行了一系列的简化：乘客到了机场的候客厅后，不给安排座位，乘客要像坐公共汽车那样去排队，上飞机后自己找座位，如果你到得很早，可能会找到一个好座位，如果你到得晚，就很可能坐在厕所边。飞机上也不供应餐饮，但乘客一坐下就可以听到非常幽默的笑话，直到飞机降落，一路上嘻嘻哈哈、闹哄哄的。西南航空公司的这种"节约"服务，对收入低、消费低的人士来说有很大的吸引力，因为他们可以用极低的价格乘坐飞机。但对于消费较高的白领人士来说，就不适合了——他们不太在乎机票价格，但需要较好的航空服务，他们受不了要自己去"抢"座位，另外，他们上飞机后往往要想问题、做事情或者休息，不喜欢吵吵嚷嚷的……因此，中产阶层、官员、大亨很少乘坐西南航空公司的班机。不过，这正是西南航空公司所追求的效果，它很清楚自己的服务对象。公司总裁在电视上说："如果你对我们提供的服务感到不满，那么非常抱歉地告诉你，你不是我们服务的目标客户，我们不会因为你的抱怨而改变我们的服务方式。如果你认为我们的服务令你感到不满，你可以去乘坐其他航空公司的飞机。当你感觉需要我们服务的时候，欢迎你再次乘坐西南航空的班机。"

马蜂窝是一个旅游社区网站，创办者将网站命名为"蚂蜂窝"⊖是希望人类能像蚂蚁、蜜蜂社会那样团结无私、相互协作与共同分享。在马蜂窝，旅游爱好者可以交换资讯，交流攻略、美食、摄影作品，分享旅行中的喜悦和感动。马蜂窝网站上的文章并没有编辑写手来撰写，都是成员主动编辑分享的，每一个发起的话题都会出现在"我的马蜂窝"里，每一个成员都是马蜂窝的主人，马蜂窝的一切都由成员共同产生和决定。马蜂窝的创办宗旨就是为所有旅游爱好者提供信息交流的平台。马蜂窝的创始人是两个自由行爱好者——新浪前员工陈罡和搜狐前员工吕刚。马蜂窝创办之初并不是商业项目，纯粹是出于喜好建立的业余平台。从2006年开始，这个简单的旅游社区网站并没有进行刻意的宣传推广，仅仅依靠口碑相传积累了最初的用户。马蜂窝的优势在于其对旅游市场进行了细分，专注于针对旅游攻略市场和追求个性化旅游的群体。马蜂窝的核心产品是旅游攻略，攻略中的信息和感受都来自于真实旅行用户的反馈和评价。马蜂窝的旅游攻略覆盖了中国游客可能出行的全球90%以上的目的地，涵盖了旅行中的吃、住、行等重要信息，还有旅行中的真实体验和评价。由于定位准确，马蜂窝在同类网站中占据了领先地位。

2.9.2 选择"好客户"

既然我们已经知道，客户天生就有好与坏的分别，那么，企业应当选择"好客户"来经营，这样才能够给企业带来盈利。

例如，过去出租车司机如果拒绝为乘客提供服务会遭遇"拒载"的投诉，如今出租车司机用上打车软件后，在没有被强制派单的情况下，可以根据客户发出的需求信息以及客户的位置、目的地、信誉状况等选择是否接单，即有选择地接单，有选择地提供服务。

当戴尔公司发现新的电脑用户对服务支持的要求达到了毫无底线的程

⊖ 公司刚刚创建时名为蚂蜂窝，于2018年2月5日更名为马蜂窝。

度，而这种过分的要求将耗尽公司的人力和财力资源时，戴尔公司决定避开大众客户群，集中人力和财力针对企业客户销售产品。当然，戴尔也为一些经过严格挑选的个人消费者提供服务，因为他们对产品和服务的需求与戴尔的核心客户群（即具有"好客户"特征的企业客户）非常相似。

美国某化妆品企业生产一种叫"嫩春"的面霜，可以防治青春痘，并能够减少皱纹。该面霜上市后，调查人员发现，80%的购买者是20岁左右的年轻女性，而其余20%的购买者是35～50岁的中老年女性——她们认为这种产品能够减少皱纹。年轻女性关心防治青春痘，而中老年女性关心减少皱纹，这使企业面临两种选择：是强调防治青春痘，还是减少皱纹？企业考虑到80%和20%的差距，决定放弃中老年女性这个较小的市场（只占购买者的20%），而强调"嫩春"面霜防治青春痘的功效，全力以赴抓住年轻女性客户，从而获得了成功。

当全球航空公司在热火朝天地进行价格倾轧时，北欧航空公司（SAS）对目标市场进行了重新定义：集中发展欧洲民航运输产业中的一个特定市场，即商务客户。这一客户群体的特定需要是在陆地和空中的准点、安全、个性化和舒适。为此，SAS开发了许多服务项目。例如，为实现在陆地提供舒适服务的目标，SAS保证客户在欧洲和北美城市的SAS宾馆可以直接订座位；SAS组建了一支供租用的车队，由普通轿车、豪华轿车、直升机组成并用于接送旅客；在一些城市，SAS还提供一种将旅客的行李从办公室或SAS宾馆运送到机场的特殊服务；在机场备有适当装饰并供旅客使用的特殊房间；重视对服务人员的培训，改进服务水平以及提高服务人员处理突发事件的能力……这些优质的服务措施很好地满足了欧洲的商务客户。

2.9.3 选择有潜力的客户

锦上添花不稀罕，雪中送炭才可贵！企业选择客户不应局限于客户当前对企业盈利的贡献，还要考虑客户的成长性及其未来对企业的贡献。对于当前利润贡献低,但是有潜力的小客户,企业要积极提供支持和援助。尽管满足这些小客户的需求可能会降低企业的当前利润,甚至可能带来损失,但是企业应该而且必须接受眼前的暂时亏损,因为这是一只能够长成"大象"的"蚂蚁"!

例如,麦当劳通过调查发现,去哪个餐馆吃饭并不完全由父母决定,他们往往会尊重孩子的意见,而只要吸引一名儿童,就等于吸引了两名大人。因此,麦当劳决定将目标市场主要定位于儿童和家庭成员。为此,麦当劳在各个分店设置了游乐区及专门为孩子提供生日聚会的服务项目,同时,店内的食谱不断推陈出新,以满足小客户日益变化的口味。麦当劳后来看到,二三十年后这些孩子长大了还会带着自己的下一代继续吃麦当劳——这就是麦当劳的眼光!

企业支持客户在很大程度上就是支持自己,因为只有客户发展了,才可能对企业的产品或服务产生越来越大的需求。所以,企业一旦发现了可以从"蚂蚁"变为"大象"的有潜力的客户,就应该给予重点支持和培养,甚至可以考虑与管理咨询公司合作,从而提升有潜力的小客户的"品质"。这样,潜力客户在企业的关照下成长壮大后,它们对企业的产品或服务的需求也将随之膨胀,而且会知恩图报,对培养它们的企业有感情,从而有更高的忠诚度。在几乎所有优质客户都被各大企业瓜分殆尽的今天,这显然是培养优质客户的好途径。

2.9.4 选择"门当户对"的客户

一般来说,谈对象找个条件比自己好的要比找个条件相当的难。

同样的道理,"低级别"的企业如果瞄上"高级别"的客户,尽管这类客户很好,但是可能不属于它们,原因是双方的实力过于悬殊,它们提供服务的能力不够。企业看上客户,而客户未必看得上该企业——果真如此的话,这样的客户就不容易开发,即使最终开发成功,勉强建立了关系,也会吃力不讨好,因为以后的服务成本一定较高,维持关系的难度也较大。

所以，这样的"好客户"高不可攀，看看可以，但碰不得。

现实中，有些企业只注重服务于大客户，动辄宣称自己可以满足大客户的任何要求，似乎不如此不足以显示自己的实力。然而，由于双方实力不对等，企业只能降低标准或放松制衡，委曲求全，甚至接受大客户提出的苛刻条件，或者放弃管理的主动权，从而对大客户的潜在风险无法进行有效的控制，结果一旦这些大客户出事，企业只能干着急，什么都做不了。

事实上，每个客户都有自己的价值判断，从而决定与哪家企业（供应商）建立紧密的联系。然而，许多企业没有意识到这一点，往往忽略了客户的感受，总是把自己的意愿强加于客户，"单相思"，最终陷入尴尬境地，当然不会有好结果。

例如，有一家生产汽车配件的公司打算把目标客户锁定为大型汽车制造厂，企图尽快达到盈亏平衡，但经过几年的努力都未成功，因为这些大型汽车制造厂根本没把这家企业当成一回事。无奈之下，这家企业转向一些中小型汽车制造厂，而这些中小型汽车制造厂也正在寻找价廉物美且未被大型汽车制造厂锁定的供应商，于是双方建立了长期稳定的关系，取得了双赢的局面。

总之，客户并非越大越好，当然也不是越小越好，最好是双方的实力和规模相互匹配，"门当户对"是企业选择客户的稳健和保险的标准——两者实力对等，互不轻视，具有共同合作的基础，如耐克和苹果、李维斯和苹果的跨界合作等都体现了"门当户对"的原则。

当然，企业之间并不是非要"门当户对"不可，只是这样"平起平坐"，相处起来较轻松和谐，既容易建立关系，也容易维护关系。有些企业可能会"攀高枝"，那就要做好"忍辱负重""韬光养晦"的准备，因为其可能遭遇"客大欺店"——大客户不一定会"礼贤下士""平易近人"。另外，"高级别"企业如果瞄上"低级别"客户，往往也会吃力不讨好——由于双方关注点"错位"，会造成双方不同步、不协调、不融洽，结果可能是不欢而散。

那么，企业怎样寻找"门当户对"的客户呢？

企业要想找到"门当户对"的客户，就要结合客户的综合价值，对其服务综合能力进行分析，然后找到两者的交叉点。可分成三个步骤。

第一步，企业要判断目标客户是否有足够的吸引力，是否有较高的综合价值，是否能为企业带来较大的收益，这些可以从以下几个方面进行分析。

（1）客户向企业购买产品或服务的总金额。

（2）客户因扩大需求而产生的增量购买和交叉购买等。

（3）客户的无形价值，包括规模效应价值、口碑价值和信息价值等。

（4）客户为企业带来的风险，如信用风险、资金风险、违约风险等。

（5）企业为客户提供产品或服务需要耗费的总成本。

第二步，企业必须衡量自己是否有足够的综合能力来满足目标客户的需求，即要考虑自身的实力能否满足目标客户所需要的技术、人力、财力、物力和管理能力等。

对企业综合能力的分析不应从企业自身的感知来确定，而应该从客户的角度进行分析，可借用客户让渡价值（指客户获得的总价值与客户为之付出的总成本之间的差额）来衡量企业的综合能力。也就是说，企业能够为目标客户提供的产品价值、服务价值、人员价值及形象价值之和减去目标客户需要消耗的货币成本、时间成本、精力成本、体力成本，这样就可以大致得出企业的综合能力。如果是正值，说明企业满足目标客户需求的综合能力较强；如果是负值，说明企业满足目标客户需求的综合能力较弱。

第三步，寻找客户的综合价值与企业的综合能力这两者的结合点。最好是寻找那些综合价值高，企业对其综合能力的评价也高的客户作为目标客户。也就是说，要将价值足够大、值得企业开发和维护的，同时企业也有能力开发和维护的客户，作为企业的目标客户。

在图 2-1 中，A 区域客户是企业应该重点选择的目标客户群。因为一方面，这类客户的综合价值较高，是优质客户，另一方面，企业为其服务的综合能力也较高,也就是说,企业的实力足以赢得和维系这类客户,"门当户对"。因此,A类客户值得企业花费大量的资源去争取和维护。

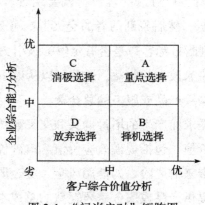

图2-1 "门当户对"矩阵图

B区域客户是企业应该择机选择的目标客户群。这类客户的综合价值高,具有非常高的开发与维护价值,但遗憾的是,企业对这类客户的服务能力实在有限,很难为客户提供令其满意的产品或服务。企业开发这类客户将会面临很大的困难,即使开发成功了,如果企业对其服务的综合能力没有提高,最终也很难长期留住这类客户。因此B类客户属于企业在适当的时机(当服务能力提高时)可以选择的客户群。

C区域客户是企业应该消极选择的目标客户群。尽管企业对其服务的综合能力较强,但是这类客户的价值实在有限,企业很可能从这类客户身上得不到多少利润,甚至有可能消耗企业的一部分利润。因此C类客户属于企业应当消极选择的客户群。

D区域客户是企业应该放弃选择的目标客户群。一方面,这类客户群的综合价值较低,很难给企业带来利润,如果企业将过多的资源投入到这类客户群上,是得不偿失的,甚至有时候这类客户还会吞噬企业的利润;另一方面,企业也很难为这类客户提供长期的具有较高让渡价值的产品或服务。因此D类客户属于企业应放弃选择的客户群。

2.9.5 选择与"忠诚客户"具有相似特征的客户

企业好比胳膊，市场好比大腿。我们知道，"胳膊扭不过大腿"，而且"强扭的瓜不甜"。

我们还知道，假如"有心栽花花不开，无心插柳柳成荫"，那么企业就该顺势而为，改"栽花"为"插柳"了——大势所趋。

世上没有哪个企业能够满足所有客户的需求，有时候企业费尽心思，企图在市场中扮演某个角色，但是偏偏吃力不讨好，没有得到市场的认同，可谓"落花有意，流水无情"。但是，幸运的是，可能总会有些客户由于认为企业提供的产品或服务比竞争对手更好、更加"物有所值"而忠诚，他们也许就是企业的知音、伯乐、识货人。因此，企业选择与"忠诚客户"具有相似特征的客户是明智的。

例如，目前肯德基的忠诚客户主要是三类——儿童、学生、都市上班族。儿童喜欢肯德基的原因是肯德基有好吃的炸鸡腿、汉堡等食品，另外就是还可以边吃边到店中的微型儿童游乐场玩。学生喜欢肯德基的原因是肯德基的味道不错，且花费与学校旁的小排档相差无几，而环境、情调是小排档无法比拟的，如果带朋友去也不显得寒酸。上班族之所以喜欢肯德基，一方面是因为相对紧凑的工作生活需要便捷的快餐；另一方面，上班族可能不喜欢路边小摊，也不愿在工作间隙在写字楼里一边聊着QQ、MSN，一边吃着老土的盒饭，肯德基用其干净、精致的产品包装和独特的口味轻而易举地俘获了他们的"芳心"。因此，肯德基就应该经营与这三类人群具有相似特征的客户，因为他们是最可能忠诚于肯德基的。

| 第 3 章 |

客户购买行为有什么特点

企业经营客户理当研究客户的购买行为。企业的客户不仅包括广大的个人客户,也包括各类组织客户,如产业客户、中间商客户、政府客户、非营利组织客户。同样是购买行为,个人客户与组织客户在购买动机、购买特点、购买方式和购买决策过程中存在一定的差异,对此企业只有充分了解,才能为经营决策提供依据。

3.1 个人客户的购买行为

3.1.1 个人客户购买行为的特点

个人客户购买行为具有如下特点。

1. 购买的零星性

首先,消费品市场购买者众多,涉及千家万户和所有社会成员。
其次,购买频率较高但每次购买数量较少。

2. 购买的多样性

消费者市场的购买者是受众多因素影响的个人或家庭,由于消费者在年龄、性别、职业、文化水平、经济条件、个性特征、地理区域、生活方式等方面存在差别，因此消费购买呈现多样性。而且随着消费购买力的不断提高，人们更加注重个性消费，购买多样性还将呈现不断扩大的趋势。

> **延伸阅读：酒店商务客人与观光客人购买的比较**
>
> 酒店各种客人当中商务客人和观光客人所占比重最大，所以一家酒店能否在当今竞争激烈的市场中站稳脚跟，最主要的是能否抓住这两类客人。为此，酒店要掌握这两类客人的差异需求。
>
> **商务客人的需求** 首先，由于大堂代表了整个酒店的形象，代表入住酒店的客人的品位。豪华气派和典雅、有文化艺术特色的酒店大堂更受商务客人青睐。其次，由于商务客人经常会在客房内办公，所以就需要一些办公必需的用品及各种设施，比如舒适的桌椅，明亮的灯光，干净整齐的环境，办公所需要的文具等。再次，商务客人有时候会在酒店会见一些重要的消费者，所以他们对服务的要求也比观光客人要高。最后，商务客人往往并不看重消费价格，而且他们把高价格视为高地位、高身份的象征。
>
> **观光客人的需求** 观光客人多是出去观光旅游，主要为了放松心情，感受当地的风土人情和文化，他们到酒店主要就是住宿，回到酒店消除一天游玩的疲惫。因此，观光客人对酒店的设施设备没有特殊的需求，有日常生活所需的设备即可，最主要是要有家的感觉，要舒适温馨。此外，观光客人大多是自己支付旅行费用，所以会非常注意消费是否经济实惠。

3. 购买的多变性

随着时代的变迁、科技的进步、收入的提高，消费者的购买会经历一种由低级到高级、由简单到复杂、由粗到精的变化发展过程，不会永远停留在一个水平。

4. 购买的层次性

美国人本主义心理学家马斯洛将人类需要按从低级到高级的顺序分成

五个层次或五种基本类型，分别是生理需要、安全需要、归属感与爱的需要、自尊需要和自我实现需要。

生理需要是人们最原始、最基本的需要，是维持个体生存和人类繁衍必不可少的需要，如对食物、氧气、水、睡眠、医疗等的需要。

安全需要较生理需要高一个级别，指满足人身安全和健康的需要。当生理需要得到满足以后，人们对于安全的需要就产生了，即人们会对人身安全、健康保障、社会秩序等产生需要。

归属感与爱的需要，即希望给予或接受他人的友谊、关怀和爱护，得到某些群体的承认、接纳和重视。

自尊需要，即希望获得荣誉，受到尊重和尊敬，博得好评，得到一定的社会地位的需要。

自我实现需要，即希望充分发挥自己的潜能，实现自己的理想和抱负的需要。自我实现需要是人类最高级的需要。

马斯洛认为，消费者对每个层次的需要强度不同，通常在较低层次的需要部分或全部满足之后，再满足较高层次的需要，有条件时希望所有层次的需要都能够满足。

例如，一个饥寒交迫的人不会注意到别人如何看待他（第三或第四层次需要），甚至他不会在意他呼吸的空气是否洁净（第二层次需要），但是当他有了足够的水和食物（第一层次需要）的时候，安全需要（第二层次需要）就会产生。

5. 购买的非专业性

消费者在购买产品时大多是外行，即缺乏相应的产品知识和市场知识，其购买行为属于非专业性购买，而且受广告宣传等因素的影响，消费者的购买行为往往具有自发性、冲动性，具有较大程度的可诱导性和可调节性。

6. 购买的相关性

消费者的不同购买可能具有相互补充或替代的关系。例如，汽车与汽油是关联互补品,购买具有同向性,即汽车的购买增加,汽油的购买也增加;又如,白酒和啤酒是替代品,购买具有反向性,即白酒的购买增加,则啤酒的购买可能会减少。

延伸阅读:需求及其类型

需求是指在一定的地理区域和时期内,在一定的营销环境和营销方案下,买方愿意购买的总数量,也被称为市场需求量。

任何市场均可能存在不同的需求状况,市场营销管理的任务是通过不同的市场营销策略来解决不同的需求状况。

1. 负需求

负需求是指市场上众多顾客不喜欢某种产品或服务。例如,许多老年人为预防各种老年疾病不敢吃甜食和肥肉,有些顾客害怕冒险而不敢乘飞机,或害怕化纤纺织品中的有毒物质损害身体而不敢购买化纤服装。市场营销管理的任务是分析人们为什么不喜欢这些产品,并针对目标客户的需求重新设计产品、定价,开展更积极的促销,或改变客户对某些产品或服务的信念,诸如宣传老年人适当吃甜食可促进脑血液循环,乘坐飞机出事的概率比较小等。

2. 潜伏需求

潜伏需求是指现有的产品或服务不能满足许多消费者的强烈需求。例如,老年人需要高植物蛋白、低胆固醇的保健食品,美观大方的服饰,安全、舒适、服务周到的交通工具等,但许多企业尚未重视老年市场的需求。潜伏需求和潜在需求不同,潜在需求是指消费者对某些产品或服务有消费需求而无购买力,或有购买力但并不急于购买的需求状况。企业市场营销的任务是准确地衡量潜伏市场需求,开发有效的产品和服务,即开发市场营销。

3. 下降需求

下降需求是指目标市场客户对某些产品或服务的需求出现了下降趋势。例如，城市居民对电风扇的需求渐趋饱和。市场营销人员要了解客户需求下降的原因，或通过改变产品的特色，采用更有效的沟通方法再刺激需求，即创造性地再营销，或通过寻求新的目标市场，以扭转需求下降的局面。

4. 不规则需求

不规则需求是指许多企业因季节、月份、周、日、时的变化而对产品或服务的需求产生变化，造成生产能力和产品的闲置或过度使用。例如，在公共交通工具方面，在运输高峰时不够用，在非高峰时则闲置。又如在旅游旺季时，旅馆紧张和短缺，在旅游淡季时，旅馆空闲。再如在节假日或周末时，商店拥挤，在平时，商店顾客稀少。市场营销的任务是通过灵活的定价、促销及其他激励因素来改变需求的时间模式，这被称为同步营销。

5. 过度需求

过度需求是指市场上客户对某些产品的需求超过了企业的供应能力，产品供不应求。例如，人口过多或物资短缺，引起交通、能源及住房等供不应求。企业营销管理的任务是减缓营销，可以通过提高价格、减少促销和服务等方式使需求减少。企业最好选择那些带来的利润较少、要求提供服务不多的目标客户作为减缓营销的对象。减缓营销的目的不是破坏需求，而是暂缓需求水平。

6. 有害需求

有害需求是指对消费者身心健康有害的产品或服务。例如，过量的烟、酒，以及毒品、黄色书刊等。企业营销管理的任务是通过提价、减少可购买的机会或通过立法禁止销售，称之为反市场营销。反市场营销的目的是采取相应措施来消灭某些有害的需求。

3.1.2 影响个人客户购买行为的自身因素

消费者的购买行为会受到年龄及家庭生命周期、性别、社会角色及所处的阶层、经济状况、受教育程度、时间、个性、自我概念、生活方式的影响。此外，还会受到动机、感受、学习、记忆、信念、态度、兴趣等因素的影响。

1. 年龄及家庭生命周期

消费者的年龄会对其行为产生明显的影响。不同年龄的消费者有不同的需求和偏好，每个人的衣、食、住、行、娱乐等各方面的需求都是随年龄的变化而变化的。当然，营销人员不仅应注意消费者的生理年龄，更应关注其心理年龄。

与消费者年龄关系较为密切的是家庭生命周期，由于年龄、婚姻状况、子女状况的不同，可以划分为不同的家庭生命周期。在家庭生命周期的不同阶段，消费者的行为会呈现出不同的主流特性。

少年或儿童的消费特点除了娱乐需求以外，多数是教育需求，包括自身的兴趣爱好引发的教育培训。

未婚阶段的单身青年人的消费特点是消费支出以服装、娱乐为主，追逐时尚，是新产品促销的重要目标。青年人自我意识强，有较强的独立意识，对于新生事物容易接受，喜欢赶时髦，往往是新服务的拥护者。青年人在购买过程中容易感情用事，属于感性消费者。

新婚阶段没有子女的年轻夫妻的消费特点是购买产品种类多，他们是住房、家用电器、家具等单价较高的耐用消费品的主要购买者。

"满巢" I 阶段是指年轻夫妻家中有一个6岁以下孩子的阶段，其消费特点是孩子的启蒙教育、营养开支较大，常常感到购买力不足，对新产品感兴趣并倾向于购买做广告的产品。

"满巢" II 阶段是指年轻夫妻有6岁以上孩子的阶段，其消费特点是孩子的教育支出逐渐增多，倾向于购买大规格包装的产品，有自己喜爱的品牌产品。

"满巢"Ⅲ阶段是指中年夫妻有经济未独立的子女的阶段,其消费特点是消费习惯稳定,这部分群体基本上具有稳定的收入,上有老下有小,在消费上需要考虑全家的开支,购买行为较理智,消费行为慎重、讲求实效。

"空巢"阶段是指子女经济独立,大部分已组建自己新家庭的阶段,其消费特点是消费支出主要用于医疗保健方面,经济条件好的家庭外出旅游增多。

老年人的消费特点是由于生活经历长久,其需求相对稳定,需求以舒适、实用、安全和保障为主。消费需求主要集中于老年保健、医疗、运动与一些家政服务上,尤其是注重保健与娱乐消费。比如,他们会去参加老年大学的学习,参加旅行社举办的集体外出旅游。此外,老年人对养老院,社区中的家庭病床,为老年人提供健康咨询和定期体检的保健站以及专为老年人交流与从事娱乐活动的活动站等也有需求。

2. 性别

由于生理上的差别,男性与女性在对许多产品的需求与偏好上有显著差别,男性与女性群体的消费观念相去甚远,消费行为也会产生差异。

男性消费者属于理性消费者,购物目的明确,决策比较理性,接受稳重可靠的产品,追求快捷、简单的购物过程。男性消费者的需求比较狭窄,习惯性购买比较多,一般不喜欢货比三家,为了买得放心,都会固定寻找某一信誉好、规范的品牌购买。

女性消费者的需求比较广泛,购物目的往往不够明确,喜爱时尚可爱的产品,决策偏于感性和冲动;购买欲、表现欲强,容易受外界刺激,情感化购买较多,通常有更多的计划外购物;在购买过程中比较细心、谨慎,常常乐于货比三家,精打细算、左右权衡、反复对比,力求买得划算,对细节较为苛求,力求以较低的价格买到满意称心的产品,在商场里流连忘返。

3. 社会角色及所处的阶层

社会角色是个体在社会或群体中占有的位置和被社会或群体所规定的行为模式。

在多数情况下，消费者个人的心理活动总是与其所属群体的态度倾向是一致的，这是群体压力与消费者个人对群体的信任共同作用的结果。受到群体的影响，消费者会顺从群体的意志、价值观念、消费行为规范等。

不同职业的消费者扮演着不同的社会角色，承担并履行着不同的责任和义务，对产品的需求和兴趣也各不相同。例如，农民偏好购买载重汽车，而城市白领则喜欢样式美观的汽车。

社会阶层也称社会分层，是根据财富、职业、权力、知识、价值观和社会地位及名望对人们进行的一种社会分类。不同社会阶层的消费者由于在职业、收入、教育等方面存在明显差异，所以即使购买同一产品，其趣味、偏好和动机也会不同。

社会阶层是一种普遍存在的社会现象，不论是发达国家还是发展中国家，均存在不同的社会阶层。同一社会阶层的人往往有着共同的价值观、生活方式、思维方式和生活目标，并影响着他们的购买行为。即使收入水平相同的人，其所属阶层不同，生活习惯、思维方式、购买动机和消费行为也有着明显的差别。

社会阶层具有以下特点：同一阶层的成员具有类似的价值观、兴趣和行为，在消费行为上相互影响并趋于一致；一个人的社会阶层归属不是仅由某一变量决定的，而是受到职业、收入、教育、价值观和居住区域等多种因素的制约；人们能够在一生中改变自己的社会阶层归属，既可以迈向较高阶层，也可以跌至较低阶层，这种改变取决于自身努力以及社会阶层是否僵化。

4. 经济状况

经济状况包括个人收入、财产、支出等情况。经济状况是人们购物的基础，对人们的购买行为有极大的影响。

（1）收入对消费者行为的影响。一般认为，收入由工资、奖金、津贴、红利和利息等构成。收入作为购买力的主要来源，无疑是决定消费者购买行为的关键因素。一般来说，需求与收入呈正向变动关系。当收入相对较少时，人们往往只能控制自己的消费欲望，减少消费需求。收入相对较高时，人们的消费也会增加。

高收入消费者与低收入消费者在产品选择、休闲时间安排、社会交际与交往等方面都会有所不同。比如，同样是外出旅游，在交通工具以及食宿地点的选择上，高收入者与低收入者会有很大的不同。

可任意支配收入是指个人可支配收入减去维持生活所必需的支出和其他固定支出后剩余的那部分。这部分收入是消费者可以任意使用的收入，可以用于娱乐，也可以用于储蓄，是影响消费构成的最活跃的因素。

此外，未来收入预期也会影响消费者的消费。如果消费者认为他们的未来收入会上升，就会刺激消费支出的增长；如果预计未来收入会下降，就会导致消费支出的下降。

> **知识扩展：心理账户与需求的收入弹性**
>
> 所谓心理账户，是指消费者会把等价的支出或收益在心理上划分到不同的账户中。例如，尽管一万元的工资、一万元的年终奖和一万元的中奖彩票并没有区别，都是收获一万元，可是普通人会对此做出不同的消费决策——辛辛苦苦赚来的钱往往会舍不得花，而如果是买彩票获得的奖金就可能会乱花。
>
> 需求的收入弹性是指因收入变动而引起相应需求量的变动比率。
>
> 一般来说，高档食品、耐用消费品、娱乐产品等的需求收入弹性大，表示消费者货币收入的增加导致对该类产品的需求有更大幅度的增加；而

生活必需品的需求收入弹性较小，表示消费者货币收入的增加导致对该类产品的需求的增加幅度较小。

当然，也有产品的需求收入弹性是负值，这意味着消费者货币收入的增加将导致该产品需求量下降。例如，某些低档食品、低档服装就有负需求收入弹性，因为消费者收入增加后，对这类产品的需求减少，甚至不再购买这些低档产品，转向高档产品。

（2）财产对消费者行为的影响。财产既包括住房、土地等不动产，也包括股票、债券、银行存款、汽车、古董及其他收藏品。财产或净财产是反映一个人富裕程度的重要指标，从长期来看，它与收入存在高度的相关性。然而，两者绝不能画等号。具体到单独的个体，高收入并不意味着一定拥有大量的财产。同样，拥有大量财产的人，也可能是通过继承或过去的投资获得这些财产，现在的收入不一定很高。即使其他条件不变，完全处于同一收入水平的两个人或两个家庭，且所拥有的财产也可能存在非常大的差别，原因是双方在消费和储蓄模式上可能采取完全不同的做法。

财产对消费者行为的影响是：拥有较多财产的家庭相对于拥有较少或很少财产的家庭，会把更多的钱用在接受服务、旅游和投资上。富裕的家庭一般处于家庭生命周期的较后阶段，由于特别珍惜时间，他们对产品的可获性、购买的方便性、产品的无故障性和售后服务等有很高的要求，并且愿意为此付费。另外，富裕家庭的成员对仪表和健康十分关注，因此，他们是高档化妆品、皮肤护理产品、健康食品、保健品、美容美发服务、健身器材、减肥书籍和减肥服务项目的主要购买者。为了保证身体和财产安全，他们还会大量购买家庭保护系统、各种保险、防火与防盗器材、空气净化器等产品或服务。

（3）支出对消费者行为的影响。未来支出预期包括医疗支出、子女求学支出、购买住房支出、意外事故支出等。当人们未来收入增长与消费支出的不确定性上升时，人们会捂紧自己的"钱袋子"。即使当前的收入并未减少甚至还在增长，但只要人们认为未来住房、医疗、教育、养老等方面存在种种不确定的巨额消费支出，自己可能失去现有的职位，或者收入难以继续增长等，就会引起消费信心不足，于是人们会压缩不必要的消费，增加储蓄，而这一过程往往最先抑制的就是对奢侈品和服务的消费。

5. 受教育程度

受教育程度不仅影响劳动者的收入水平，而且影响消费者对产品的鉴赏力及其消费心理、购买的理性程度和消费结构。也就是说，教育决定着人们是否会消费、消费什么、怎样消费等问题。一般人们的教育水平越高，职位和收入也越高，获取消费信息的途径就越多，越容易接受新事物，消费态度越超前。

6. 时间

一方面，时间作为一种资源，像收入和财富一样制约着消费者对产品和服务的购买。很多消费，如看电影、溜冰、钓鱼、打网球、健身、旅游等均需要时间。消费者是否购买这些产品和服务，在很大程度上取决于他们是否拥有可自由支配的时间。消费者可自由支配时间与非自由处置时间处于一种此短彼长的关系。后者越多，自由支配或休闲时间就越少，反之则越多。由于自由处置时间或休闲时间的减少，很多消费者要求在有限的休闲时间里获得更大的满足和快乐，因此可能更愿意出钱来获得享受。

另一方面，随着生活和工作节奏的加快，人们的时间压力越来越大。因此，众多以节省时间为目的的产品相继问世。最为典型的是微波炉和洗碗机，这两种产品投放市场后，受到了极大的欢迎。

一般来说，越紧张、越忙碌的消费者对节约时间的产品越感兴趣，越愿意为此付费。人们乐于花钱买时间，以获得自由享乐。例如，雇人照看小孩、清扫与整理房间、修剪草坪等均有助于消费者从繁忙的家务活动中解脱出来，从而拥有更多的时间来工作或休闲。另外，人们还可以通过点外卖、在快餐店用餐等方法来节省时间。基于此，很多企业在广告中特别强调其产品、服务节省时间的属性，如强调安装的快捷、维修的方便等。一些零售商店和购物中心在方便顾客出入、停车和减少排队等候等方面采取了不少措施，以此吸引消费者。

如今，对消费者反应时间的长短已经成为某些行业，如快餐业、快递业和报业能否成功的关键因素，如麦当劳为了突出"快"字，柜台的服务员要身兼三职——照管收银机、开票和供应食品，消费者只需排一次队，就能取到他所需要的食物。

一些企业还运用一种叫作"时间担保"的承诺来使顾客确信当遇到产品故障或问题时，不用花多少时间就可及时解决，而且是在顾客最方便的时间和地点解决。例如，纽约一家汽车经销商承诺，如果汽车出了问题第一次没有被修好，该经销商保证在顾客方便的时间派修理人员上门解决问题。在随后的调查中，虽然大部分人希望经销商不要另外收费，但被调查者中 63% 的人将此举视为非常重要的措施。

7. 个性

个性是在个体生理素质的基础上，经由外界环境的作用逐步形成的、决定和折射个体如何对环境做出反应的内在心理特征。

内在心理特征包括使某一个体与其他个体相区别的具体的品性、特质、行为方式等，是个体所特有的与其他人不同的比较稳定的心理因素。构成个性的这些心理特征不仅对产品选择产生影响，而且会影响消费者对促销活动的反应，以及何时、何地和如何消费某种产品。最近的研究表明，个性与产品选择之间的确有着某种联系，人们越来越倾向于购买不同风格的产品，以展示自己独特的个性。

个性的形成既受遗传和生理因素的影响，又与后天的社会环境，尤其是童年时的经历具有直接的联系。每个人的内心世界、知识结构、成长过程都不同，就会形成千差万别的个性。个性会导致一个人对其所处环境做出相对一致和持续不断的反应。通常，个性会通过内向、外向、灵活、死板、独裁、积极、进取、自信、自主、支配、顺从、保守、适应等性格特征表现出来，可以为企业细分市场提供依据。

8. 自我概念

自我概念是个体对自身一切的了解和感受的总和。

每个人都会逐步形成关于自身的看法，如是丑是美、是胖是瘦、是能力一般还是能力出众等。自我概念回答的是"我是谁"和"我是什么样的人"一类的问题，它是个体自身体验和外部环境综合作用的结果。

消费者不是只有一种自我概念，而是拥有多种类型的自我概念：①实际的自我概念，指消费者实际上如何看待自己；②理想的自我概念，指消费者希望如何看自己；③期待的自我概念，指消费者期待在将来如何看待自己，它是介于实际的自我与理想的自我之间的一种形式，由于期待的自我折射出个体改变"自我"的现实机会，对营销人员来说它也许比理想的自我和实际的自我更有价值；④社会的自我概念，指消费者感到别人是如何看待自己的；⑤理想的社会自我概念，指消费者希望别人如何看自己。自我概念的多样性意味着在不同的情境下消费者可能选择不同的自我概念来指导自身的态度与行为，比如，当在家里和与家庭人员交往时，其行为可能更多地受实际的自我概念支配，在电影院或博物馆则可能更多地受理想的社会自我概念支配。

罗杰斯认为，人类的行为都是为了保持"自我概念"或自我形象与行为的一致性。如果理想的自我、实际的自我和自我形象不一致，就会产生紧张与焦虑。消费者的很多决定，实际上都会受自我形象的引导。消费者将选择那些与其自我概念相一致的产品与服务，避免选择与其自我概念相抵触的产品和服务。例如，当买衣服、购车或选择香水时，消费者会想到要适合自己的身份。正是在这个意义上,研究消费者的自我概念对企业来说特别重要。

9. 生活方式

生活方式是指一个人怎样生活,具体来说,生活方式是个体在成长过程中,在与社会诸因素交互作用下表现出来的活动、兴趣和态度模式,是人们的生活方式,以及花费时间和金钱的方式的统称。不同生活方式的消费者显然有着不同的购买需求。

人们追求的生活方式各不相同。有的追求新潮、时髦,有的追求恬静、简朴,有的追求刺激、冒险,有的追求稳定、安逸。

生活方式在很大程度上受个性的影响,一个具有保守、拘谨性格的消费者,其生活方式不大可能包容太多诸如登山、跳伞、丛林探险之类的活动。

个体和家庭都有生活方式,家庭生活方式部分由家庭成员的个人生活方式所决定,反过来,个人生活方式也受家庭生活方式的影响。

延伸阅读:乐活族

乐活族又被称为乐活生活、洛哈思主义,推崇乐活生活方式的人又被称为乐活者,乐活者所推崇的是乐活。乐活一族,是从西方传来的新兴生活形态族群,由音译 LOHAS 而来,LOHAS 是英语 Lifestyles of Health and Sustainability 的缩写,意为以健康及自给自足的形态生活,强调"健康、可持续的生活方式"。"健康、快乐、环保、可持续"是乐活的核心理念。他们关心生病的地球,也担心自己生病,他们吃健康的食品与有机蔬菜,穿天然材质衣物,使用二手家居用品,骑自行车或步行,练瑜伽,健身,听心灵音乐,注重个人成长等。

10. 动机

消费者为什么购买某种产品,为什么对企业的营销刺激有这样而不是那样的反应,这在很大程度上是和消费者的购买动机密切联系在一起的。

动机这一概念是罗伯特·伍德沃斯（Robert Woodworth）于1918年率先引入心理学的，他把动机视为决定行为的内在动力。人们从事任何活动都是由一定的动机驱动的。一般认为，动机是激发和维持个体进行活动并导致该活动朝向某一目标的心理倾向或动力，是促使个体采取行动的力量，具有一定的指向性。

消费者的购买动机，包括求实动机、求新动机、求美动机、求名动机、求廉动机、求便动机、模仿或从众动机、癖好动机。这些购买动机绝不是彼此孤立的，而是相互交错、相互制约的。在有些情况下，一种动机居于支配地位，其他动机起辅助作用；在另外一些情况下，可能是另外的动机起主导作用，或者几种动机共同起作用。因此，企业在调查、了解和研究消费者购买动机的过程中，对消费者购买动机切忌做静态和简单的分析。

引起动机的条件有内外两类，内在条件是需要，外在条件是诱因。

一方面，需要是指消费者生理和心理上的匮乏状态，即感到缺少些什么，从而想获得它们的状态。个体在其生存和发展过程中会有各种各样的需要，如饿的时候有进食的需要，渴的时候有喝水的需要，在与他人交往中有获得友爱、被人尊重的需要等。当一种需要获得满足以后，它就失去了对行为的刺激作用，而未被满足的需要是购买者购买动机与行为的源泉。需要经唤醒会产生驱动力，驱动有机体追求需要的满足。例如，水分的缺乏会使人（或动物）产生对水的需要，从而使驱动力处于唤醒状态，促使有机体从事喝水这一行为。由此可见，需要可以直接引起动机，从而导致人朝向特定的目标行动。

另一方面，即使缺乏内在的需要，单凭外在的刺激，有时也能引起动机，产生行为。例如，饥而求食固然属于一般现象，然而无饥饿之感时若遇美味佳肴，也可能会使人顿生一饱口福的动机。又如看到邻居的新车或者看到电视上关于车的广告，激发了购买车的欲望。

总之，动机既可能源于内在的需要，也可能源于外在的刺激，或源于需要与外在刺激的共同作用。

11. 感受

感觉是人脑对直接作用于感觉器官的客观事物的个别属性的反应。个体通过眼、鼻、耳、舌等感觉器官对事物的外形、色彩、气味、粗糙程度等个别属性做出反应。人在感觉的基础上形成感受。感受是人脑对直接作用于感觉器官的客观事物各个部分或属性的整体反映，是对感觉信息加工和解释的过程。

感觉是人天生的反应，而感受的形成不仅取决于刺激物的特征，而且依赖于当时的情境和消费者先前的知识与经验，感受过程中还有思维、记忆等的参与，因而感受对事物的反映比感觉要深入、完整。不同的人对同一刺激物会产生不同的感受，是因为感受会经历三种过程，即选择性注意、选择性扭曲和选择性记忆。

选择性注意是指人在同一时间内只能感知周围的少数对象，其他的对象则被忽略了。例如，据估计，平均每人每天要接触到 1500 个以上的广告，但被感知的广告只有 75 个，而产生实际效果的只有 12 个。有关的调研结果显示，人们会更倾向于注意那些与当前需要有关的刺激物。比如一个有购买电脑动机的人，会对电脑广告产生兴趣，而不会注意 DVD 的广告。

选择性扭曲是指人们往往按照已有的想法将某些信息加以扭曲，使之符合自己的意向，然后加以接受。由于存在选择性扭曲，消费者接受的信息不一定与信息的本来面貌一致。例如，某一产品在消费者心目中已树立起信誉，形成了品牌偏好，即使一段时间后该品牌产品的质量下降了，消费者也不愿意相信；而另一种新的品牌即使实际质量优于前者，消费者也不会轻易认可。

选择性记忆是指人们只记住那些与自己的看法、信念一致的信息。对于购买者来说，人们往往会记住自己喜爱的品牌产品的优点，忘掉其他竞争品牌产品的优点。

12. 学习

学习是指由后天经验引起的个人知识结构和行为的改变。人的语言、知识、技能、生活习惯、宗教信仰、价值观念，乃至人的情感、态度、个性无不受后天学习的影响。因此，学习在人的行为塑造，以及在保持人类行为同外界环境的动态平衡上发挥着巨大的作用。

从消费者角度看，学习具有的作用是：获得有关购买的信息，促发联想，影响消费者的态度和对购买的评价。例如，当一个消费者上当受骗，从一家邮购公司买了不能退还的次品后，他就学习到今后再也不能在这家公司买东西了。

消费者的需要和行为绝大部分是后天习得的，通过学习，消费者获得了丰富的知识和经验，提高了对环境的适应能力，同时由于市场营销环境不断变化，新产品、新品牌不断涌现，消费者必须经过多方收集有关信息之后，才能做出购买决策，这本身就是一个学习过程。此外，消费者在学习过程中，其行为也在不断地调整和改变。

13. 记忆

消费者的学习与记忆是紧密联系在一起的，没有记忆，学习是无法进行的。

记忆是过去的经验在人脑中的反映。凡是人们感知过的事物、体验过的情感以及练习过的动作，都可以以印象的形式保留在人的头脑中，在必要的时候又可把它们再现，这个过程就是记忆。

记忆既不同于感觉，又不同于感受。感觉和感受反映的是当前作用于感官的事物，离开当前的客观事物，感觉和感受均不复存在。记忆总是指向过去，它出现在感觉和感受之后，是人脑对过去经历过的事物的反映。

记忆在消费者的日常生活中具有十分重要的作用。凭借记忆，消费者在购买决策过程中能够把过去关于某些产品的知识和体验与现在的购买问题联系在一起，从而迅速地做出判断和选择。反之，缺乏或离开记忆的参与，消费者就无法积累和形成经验，就不能形成概念并在此基础上进行判断和推理，从而无法适应复杂多变的环境，甚至连最简单的消费行为也难以实现。

具体来说，记忆在消费者购买过程中具有三方面的作用。首先，记忆使消费者能对其遇到的产品做出合理的预期，并有选择地接触他所希望购买或有兴趣购买的产品。其次，记忆能够影响消费者的注意过程，因为记忆深刻的那些内容最容易引起消费者的反应，并引导消费者对其予以特别注意。当处于一个陌生的环境中，那些熟悉的事物、情境往往最容易引起人们的注意，就充分说明了这一点。最后，记忆影响消费者对产品、服务及其价值的理解。借助记忆，消费者将对产品与服务产生某种预期，形成某些联想，而这些预期、联想会直接影响消费者对产品效用的评价，影响消费者对产品和服务的有用性、有效性、耐用性和安全性等方面的理解。

与记忆相对应的一个概念是遗忘，它是指消费者对识记过的内容不能再认或回忆，或者表现为错误的再认或回忆。记忆材料的性质、数量、位置、识记材料对学习者的意义、学习程度及学习时的情绪等均会对遗忘过程产生影响。

14. 信念、态度、兴趣

通过学习，人们获得了自己的信念与态度，而信念与态度又反过来影响人们的购买行为。

信念是指一个人所持有的对某些事物的描绘性思想。信念的形成可以基于知识，也可以基于信仰或情感等。

态度是指一个人对某些事物长期持有的好与坏的认识评价和行动倾向。态度既影响消费者对产品、品牌的判断和评价，也影响其学习兴趣和效果，还影响其购买意向和购买行动。

兴趣是人对事物的一种特殊的认识倾向，这种倾向带给消费者的是一种肯定的情绪和积极的态度。兴趣是激发潜在的消费者产生购买行为的直接动力。兴趣有助于消费者为未来的购买活动做准备，消费者如对某种产品产生兴趣，往往会主动收集有关信息，积累知识，为未来的购买活动打下基础。此外，兴趣能促使消费者快速做出购买决定，激发购买行为的产生。最后，兴趣可以刺激消费者对某种产品重复购买或长期使用。

> **案例：可口可乐更换配方的风波**
>
> 1980年，可口可乐公司向世人展示了口感更柔和、口味更甜、泡沫更少的新可口可乐样品。在推向市场之初，可口可乐公司花费了400万美元进行口味测试，结果表明新可乐更受欢迎。接着，可口可乐便大做广告，把新可乐全面推向市场。
>
> 然而，新可乐推出不久，西雅图一群忠诚于老可乐的人组成了"美国老可乐饮用者"组织，准备发动全国范围内的"抵制新可乐运动"，洛杉矶的顾客也威胁说："如果推出新可乐，以后再也不买可口可乐。"原来，这些人认为老的可口可乐配方代表了一种传统的美国精神，热爱传统配方的可口可乐就是美国精神的体现，而放弃传统的可口可乐配方就意味着一种背叛。
>
> 面对众多的批评者，可口可乐不得不开通83部热线电话，雇请大批公关人员来温言安抚愤怒的顾客。在随后进行的又一次的顾客意向调查中，30%的人说他们喜欢新可口可乐，而60%的人明确拒绝了新可口可乐。最终，公司决策者恢复了传统配方的可口可乐的生产。

3.1.3　影响个人客户购买行为的环境因素

消费者的购买行为会受到家庭、参照群体、文化环境、流行、情境等环境因素的影响。

1. 家庭

人的一生大都是在家庭中度过的，且一般要经历两个家庭。第一个是父母的家庭，在父母的养育下逐渐长大成人，然后又组成自己的家庭，即第二个家庭。当消费者做购买决策时，必然要受到这两个家庭的影响。

家庭成员对消费者的购买行为起着直接的和潜意识的影响。由于家庭中充满骨肉亲情，家庭成员之间互动频繁，所以家庭对个体的影响持久且深刻，它强烈地影响着人们的价值观、人生态度和购买行为。

> **延伸阅读：我国家庭的购买行为**
>
> 家庭是社会的基本单位，也是社会中最重要的消费者购买组织，它是由拥有血缘、婚姻或者领养关系的两个人或更多人组成的群体。
>
> 一般来说，在我国家庭中，针对食品、日用品、儿童用品、装饰用品等的支出，女性的影响作用大；针对五金工具、家用电器、家具等的支出，男性的影响大；针对价格高昂、全家受益的大件耐用消费品，以及文娱、旅游等的支出，家庭成员往往共同协商。
>
> 儿童虽然没有经济能力，但是由于其特殊的地位，在家中往往成为消费的中心。家庭中儿童可以在购买特定类型产品的决定上产生某些影响，如在购买点心、玩具、文体用品等产品时，儿童就有较大的影响。少年的父母都希望其能够接受良好的教育，会为自己的孩子寻找能够提供良好教育的学校，即使多花钱也要让孩子进入理想的学校，同时也会培养孩子的某些技能，比如学习钢琴、画画或者一些体育运动等。
>
> 在我国传统的望子成龙、望女成凤思想的影响下，父母对于自己的孩子都会尽力地培养，特别是在经济条件允许的情况下，许多家庭为子女在教育上的花费逐年增加。企业了解家庭消费中每一成员的不同作用，可以有针对性地进行促销宣传，制定相应的推销策略，减少促销的盲目性。

2. 参照群体

群体或社会群体是指通过一定的社会关系结合起来进行共同活动而产

生相互作用的集体。一般来说，首先，群体成员在接触和互动过程中，通过心理和行为的相互影响与学习，会产生一些共同的信念、态度和规范，它们将对消费者的行为产生潜移默化的影响。其次，群体规范和压力会促使消费者自觉或不自觉地与群体的期待保持一致，即使是那些个人主义色彩很重、独立性很强的人，也无法摆脱群体的影响，这是因为当消费者在消费群体中与占主流的群体意识形态不相符时，可能会受到嘲讽、讥笑或者议论等，这会给他们带来心理压力。

从众就是个人的观念与行为由于受群体的引导或压力，而趋向于与大多数人相一致的现象。从众实际上就是在思想上、行动上与群体大多数成员保持一致。人们之所以产生从众行为，一个主要原因是人们认为群体的意见值得信赖，群体可以提供自己所缺乏的知识和经验。例如，大众在买书前，经常希望看专家的推荐列表；在购买衣服时，喜欢看有关的评论；在出门旅行时，经常会咨询身边的朋友让他们推荐酒店。

参照群体是指对消费者的看法和行为有直接或间接影响的个人或群体。通常参照群体包括成员群体和非成员群体。

成员群体指个人是其成员的参照群体。成员群体的成员一般对群体影响持肯定态度。根据成员群体的互动作用和接触频率可将其分为主要群体和次要群体。主要群体指与个人关系密切且经常发生相互作用的非正式群体，如家庭成员、亲朋好友、邻居与同事，这类群体对消费者的影响最强。次要群体指较为正式但日常接触较少的群体，如宗教组织、专业协会和同业组织等，这类群体对消费者的影响强度仅次于主要群体。

非成员群体指个人不是其成员的参照群体。非成员群体包括热望群体和回避群体。热望群体是指一个人热切希望加入，并追求心理上的认同的群体。例如周杰伦代言的中国移动的"动感地带"品牌，外表冷酷的周杰伦的一句广告语"我的地盘我做主"就打动了那些处于叛逆期、渴望自主的年轻人的心。回避群体是指消费者不愿意与之发生联系，想与之划清界限的非成员群体。

参照群体对消费者购买决策的影响体现在三个方面：信息性影响、功利性影响和价值性影响。

（1）信息性影响指个人将参照群体成员的行为、观念、意见作为指导其行为的信息来源，从而对其消费行为产生影响。信息性影响通过两种途径实现：个人从其他人那里获取信息，或通过观察其他人的行为作为有用的参考。

（2）功利性影响表现在个人遵从参照群体的期望进行消费选择，以获取群体赞赏和避免惩罚。功利性影响使人们的一部分消费选择不是出于个人喜好，而是遵循所归属群体或所属阶层的消费习惯，以回避不合时宜的风险。

（3）价值性影响指个人渴望通过与参照群体相联系或相一致，从而自觉遵循或内化参照群体具有的信念、价值观，以提升自我形象。

延伸阅读：参照群体概念在营销中的运用

名人效应。 名人或公众人物，如影视明星、歌星、体育明星作为参照群体，对受众具有巨大的影响力和感召力。正因为如此，企业会花巨额费用聘请名人来促销其产品。企业运用名人效应的方式多种多样，如可以用名人作为产品或公司代言人，即将名人与产品或公司联系起来，使其在媒体上频频亮相；也可以用名人做证词广告，即名人在广告中引述广告产品的优点和长处，或介绍其使用该产品的体验；还可以将名人的名字用于产品或包装等。

专家效应。 专家是指在某一专业领域受过专门训练，具有专业知识、经验和特长的人。医生、律师、营养学家等均是各自领域的专家。专家所具有的丰富知识和经验，使其在介绍、推荐产品与服务时较一般人更具权威性，从而产生专家特有的公信力和影响力。当然，企业在运用专家效应时，一方面，应注意法律的限制，如有的国家不允许医生为药品做广告；另一方面，应避免公众质疑专家的公正性、客观性。例如，引用专家在独立状态下获得的实验数据与结果，比聘请专家在广告中直接赞誉企业的产品更加具有公信力。

"普通人"效应。 运用满意顾客的证词证言来宣传企业的产品，是广告中常用的方法之一。由于广告中的人是和潜在顾客一样的普通消费者，会使受众感到亲近，从而使广告诉求更容易引起消费者的共鸣。像宝洁公司、北京大宝化妆品公司都曾运用过"普通人"证词广告，还有一些公司在电视广告中展示普通消费者或普通家庭如何利用广告中的产品解决其遇到的问题。由于这类广告贴近消费者，反映了消费者的现实生活，因此，它们可能更容易获得认可。

3. 文化环境

文化是一个复合体，包括为某一群体或社会所共同拥有并代代相传的价值观、信念、道德、规范、习俗等。文化渗透于社会群体每个成员的意识之中，左右着人们对事物和活动的态度，从不同方面影响着人们对事物的认识与判断，影响社会成员的行为模式，使生活在同一文化圈内的社会成员的消费行为具有相同的倾向。每个消费者都是在一定的社会文化环境中成长的，文化对消费者的行为具有最广泛和最深远的影响。

例如，改革开放前，中国消费者认为富裕并非光荣之事，标新立异是不合群之举。这种观念反映到服装消费上，便是追求朴素、大众化的格调。改革开放后，人们的消费观念发生了重大变化，在购买服装时更多地倾向于式样、面料、色彩的新颖，注重服装与个性的协调，追求个性化。

又如，"面子"文化对消费者行为的影响可以从多方面显现出来。爱面子的人在与他人的交往过程中，会更加注意自己给他人留下的印象和形象，也更加重视他人对自己的尊重，所以，他们对"产品"之外的价值会给予更多的关注，如是否气派、是否时尚等。

价值观是指生活在某一种社会环境下的多数人对某种行为或行为结果的普遍态度和看法，是人们在处理事务时表现出的态度，是人们对事物的是非优劣的评判原则和评判标准。消费观念作为一种消费思维活动，指导和制约着消费者的消费活动。

例如，在一些发达地区，人们的消费观念比较超前，对新兴产品感兴趣的群体比较多，追求一些能够提高自身生活质量的消费。而在一些较不发达地区，人们思想保守，量入为出，积累型消费的特点突出，消费主要以满足日常生活所需的产品为主。

习俗则是被一种文化所接受、允许或鼓励的外显行为模式，是指在一定范围内，约定俗成的、长期稳定的某种习惯。不同的国家、民族和地区有其独特的风俗习惯，这些风俗习惯有的是因历史、宗教原因而形成的，有的是由自然环境、经济条件所决定的。

例如，我国对传统节日非常重视，在传统节日里，人们一般都要尽量放松，如亲朋好友会聚在一起吃吃饭、喝喝酒，或者一起去旅游购物、休闲娱乐等，人们的消费情绪比较高涨，消费需求也会增加。

不同的区域有不同的风俗习惯。例如同样是过年和吃团圆饭，北方不能没有饺子。饺子，形如元宝，音同"交子"，除夕进食有"招财进宝"和"年岁交子"双重吉祥含义。南方守岁，通常会备有年糕和鱼。年糕有"年年高"的吉祥寓意，鱼则有"年年有余"的含义。

4. 流行

流行是指一段时期内在社会上流传很广、盛行一时的现象和行为。流行在一定程度上可以促进消费者对某些产品消费的共同偏好。

尽管不同阶层、不同社会文化和经济背景的人，在产品和服务的消费上会呈现很大的差异性，但是流行可以打破等级和社会分层的界限，使不同层次、不同背景的消费者在流行产品的选择上表现出同一性。流行促进了人们购买上的从众行为。

5. 情境

情境是指消费或购买活动发生时个体所面临的短暂的环境因素，如购物时的气候、购物场所的拥挤程度等。

情境由一些暂时性的事件和状态构成，贝克（Belk）认为，情境由五个变量或因素构成，分别是物质环境、社会环境、时间、任务和先行状态。

物质环境是指构成消费者情境的有形物质因素，如地理位置、气味、音响、灯光、天气、产品周围的物质，如商店的布局、过道的空间、产品的陈列、商店的气氛等都对消费者的情绪、感受具有重要影响。如果商店里光线暗淡、空气浑浊、过道狭窄，就很难吸引消费者进店，即使进来了也会顿生逃遁之意。

> **延伸阅读：色调对消费者行为的影响**
>
> **1. 红色**
>
> 红色是最容易引人注意的颜色，是中国传统喜庆色，具有刺激交感神经并使人的肌肉机能和血液循环加快的生理作用以及使人兴奋、冲动的心理作用。在零售业，红色常用于店内 POP、价签和降价海报的设计及传统节日的促销宣传。但应该注意的是，如果店内 POP 或促销装饰中，红色使用过多，往往会给客户留下廉价店或折扣店的印象。另外，红色是兴奋色，店内过多地使用红色，会使客户感到店内的拥挤和喧闹，购物的疲劳感和烦躁，缩短客户在店内的滞留时间。红色不仅代表热情和活力，还代表危险和恐怖。在医院和药店，红色可能会给客户留下血、疼痛的印象。
>
> **2. 橙色**
>
> 橙色是暖色系中最温暖和明亮的颜色，不仅能起到刺激人的内分泌、增进食欲的生理作用，同时给人以健康、温暖、富足、幸福的心理作用。橙色广泛应用于超市的食品卖场、滋补品卖场和体育用品卖场。特别是水

果卖场，为了吸引顾客注意，橙子总陈列在入口处最显眼的位置，或放在主通路最外侧，以诱导客户深入。橙色明示度较高，在店内过多使用，会给人廉价、低档、不可信、易疲劳的感觉。快餐店经常用一些橙色来装点氛围，世界巨型家居连锁店家得宝和百安居都以橙色为主色，以突显其幸福感和平价的特征。

3. 黄色

黄色能刺激人的大脑，促使人发挥注意力和想象力，黄色代表希望、喜悦、成就感、未来感、明亮、快乐，象征着财富和权力。但是黄色也常用来警告危险或提醒注意。折扣店、超市等低价特卖时，常以黄色为底色制作 POP 或价签，以吸引客户注意。以青少年为目标顾客的卖场及产品常使用黄色，但对于中年女性来说，黄色有时意味着轻浮。在欧洲，黄色常常与死神联系在一起。

4. 绿色

绿色象征着平衡。它拥有清爽、理想、希望、生长的意象，符合医疗卫生服务业的诉求，很多医疗性终端把绿色作为空间色彩规划和医疗用品标识的主基调。绿色在生理上可以缓解人的紧张和眼睛的疲劳，许多机械和设备都用绿色涂装。绿色贴近自然、植物等，目前国外许多家居中心都把外墙壁涂成绿色。美国许多连锁药店的维生素柜台，为了彰显自然的活力，往往使用绿色的陈列器具。

5. 蓝色

有人把蓝色看作梦想与现实分界线的颜色。蓝色是永恒的象征，同时也是最冷的色彩。纯净的蓝色代表内省、沉着、理智、安详、洁净等，是现代人最喜爱的颜色之一。但是，蓝色也代表忧郁和寒冷。由于冷色调往往会抑制人的食欲，所以非常不适合用于饮食店和超市的生鲜食品卖场。

由于在生理上蓝色通过刺激人的副交感神经，会降低人的脉搏、呼吸频率、血压、体温，具有镇静安神的作用，因此，很多卫生类终端及夏日消费品终端采用蓝色作为主基调。在店内的食品卖场，蓝色经常用于夏季清凉饮料或夏季产品销售区的装饰，另外，有金属感的体育用品区，以及面向男性顾客的卖场，也经常以蓝色为主基调。

6. 紫色

紫色是波长最短的可见光波。紫色是非知觉的颜色，它既美丽又神秘，既富有威胁性又富有鼓舞性，既高贵又恶俗，是给人留下深刻印象的又具有矛盾性和两面性的颜色。紫色处于冷暖之间游离不定的状态，加上它的低明度性质，构成了这一色彩带给人的心理上的消极感。紫色具有高贵的性质，在卖场中往往适用于高价格的化妆品、流行产品、宝饰品、芳香品等卖场的装饰，以及具有高级感觉的产品演出。但紫色是使人食欲减退以及代表可能有毒的颜色，一般不适合用作食品包装和食品卖场的装饰。

7. 白色

白色在所有颜色中明度最高，具有纯粹、清洁、正直、明亮、高级的意象，但也给人寒冷、严峻、哀愁、不安、孤独、死亡的感觉。所以企业在使用白色时，都会掺入一些其他的颜色，形成象牙白、米白、乳白、苹果白等。肯德基为了避免其"山德士上校"图案显得过"白"，会在其面部加一些米黄色。

8. 黑色

黑色可以吸收全部的可视光线，是最暗的颜色。黑色具有威严、高贵、稳重、洗练、科技的意象，许多科技产品的用色大多采取黑色。另外黑色还具有威严、庄重、高质量的意象，也常用于高级化妆品、服饰和一些其他流行产品的设计。但是黑色常使人联想到不吉利，以及使人脏器活动迟缓，因此要避免在健康产品区、饮料和食品卖场使用。在餐饮店，可以用光线营造私密氛围，但要避免直接用黑色涂料。

不同的社会环境会影响消费者的行为。例如，他人是否在场，彼此如何互动等。同样，一个人单独购物与有购物伙伴在场时相比，行为也会发生变化。典型的例子是在餐馆用餐，当上司或相识的人出现在邻座时，点的菜和喝的酒也许会和平时有所不同。

时间是指情境发生时消费者可支配的时间的充裕程度，也可以指活动或事件发生的时机，如一天、一周或一月当中的某个时点等，时间也是构成情境的一个很重要的内容。首先，很多产品的购买具有季节性和节日性的特点，如"六一"儿童节前后是儿童玩具和儿童服装的购买高峰，中秋节前是月饼销售的黄金时段。当然，有些企业为了使产品的销售在不同时段更加均衡，同时也为了增加产品的销售量，一些传统的夏日饮品，如杏仁露，被企业定位于适合全年消费的产品，并获得了成功。另外，不同的购买在紧迫程度上有差异。例如，家里的冰箱突然坏了且无法修复，购买一台新的冰箱就非常紧迫；而如果老冰箱还可以凑合着用，购买的紧迫程度相对较低。

任务通常是指消费者具体的购物理由或目的。对同一种产品，购买的具体目的可以是多种多样的。例如，消费者购买葡萄酒可以是为了自己喝，也可以是为了与朋友聚会时一起喝，还可以是为了当作礼品送人。在不同的购物目的的支配下，消费者对于购买何种档次和价位、何种品牌的葡萄酒的选择均会存在差异。与购买任务密切联系的是使用情境，即产品在何种场合使用。例如，同样是作为礼物，生日礼物的购买和婚礼礼物的购买就会有较大的差别。

先行状态是指消费者带入消费情境中的暂时性的情绪（如焦虑、高兴、兴奋等）或状态（如疲劳等）。先行状态对个体产生的影响不同于刺激引起的反应，也不同于个人拥有的持久特性（如个性）产生的影响。例如，距离上次用餐的时间越长,食物广告就越容易引起消费者的注意,因为他可能早就饿了。又如,某人在进入商店购物前收到了一张停车罚单,这时他的坏心情会让他对购物产生消极的感觉。反之,如果他是在完成购物后才收到停车罚单,那么他在购物时的负面心理因素就不会存在。

3.1.4　个人客户购买决策的过程

消费者在购买产品时,都会有一个决策过程,消费者购买决策过程的五阶段模型,如图 3-1 所示。

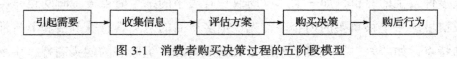

图 3-1　消费者购买决策过程的五阶段模型

1. 引起需要

当消费者感觉到一种需要并准备购买某种产品以满足这种需要时,购买决策过程就开始了。在引起需要阶段,营销人员的主要任务有两个。

(1)了解引起与本企业产品有关的现实需求和潜在需求的驱动力,即是什么原因引起消费者购买本企业的产品。

(2)设计引起需求的诱因,促使消费者增强刺激,唤起和强化需要,引发购买行为。

2. 收集信息

当消费者产生了购买动机之后,他们便会把这种需要存入记忆中,并注意收集与需要密切相关的信息,以便进行决策。

营销人员在这一阶段的主要任务包括以下三个方面。

首先,**了解消费者信息来源**。消费者的信息来源主要有经验来源、个人来源、公共来源和商业来源四个方面。经验来源是从直接使用产品的过程中获得的信息;个人来源是指家庭成员、朋友、邻居和其他熟人提供的信息；公共来源是从电视、网络等大众传播媒体或社会组织中获取的信息；商业来源是指从企业营销中获取的信息，如从广告、推销员、展览会等获得的信息。

其次，**了解不同信息来源对消费者购买行为的影响程度**。从消费者对信息的信任程度看，经验来源和个人来源最高，其次是公共来源，最后是商业来源。

最后，**设计信息传播策略**。营销人员除利用商业来源传播信息外，还要设法利用和刺激公共来源、个人来源和经验来源，也可多种渠道同时使用，以加强信息的影响力。

3. 评估方案

消费者在获取足够的信息之后，就会根据这些信息和一定的评价方法对同类产品的不同品牌加以评估并决定选择。消费者对产品的评估主要涉及产品属性、属性权重、品牌信念、效用要求等问题。

（1）产品属性，指产品能够满足消费者需求的特征，它涉及产品功能、价格、质量、款式等方面。

（2）属性权重，指消费者对产品有关属性所赋予的不同权数，如购买冰箱，如果消费者注重它的耗电量，他就会购买耗电量低的冰箱。

（3）品牌信念，指消费者对某种品牌产品的看法。它带有个人主观因素，受选择性注意、选择性扭曲、选择性记忆的影响，消费者的品牌信念与产品的真实属性往往并不一致。

（4）效用要求，指消费者对某种品牌产品的各种属性的效用功能应达到的水准的要求。如果产品满足消费者的效用要求，消费者就会愿意购买。

在评估方案阶段，营销人员的主要任务是增加产品功能，改变消费者对产品属性的认识，通过广告宣传努力消除消费者不符合实际的偏见，改变消费者心目中的品牌信念，让他们重新进行心理定位。

4. 购买决策

消费者经过产品评估后会形成一种购买意向，但是从购买意向到做出购买决策还会受到他人态度及意外因素的影响。

他人态度可能会降低一个人对某项目方案的偏好程度。他人态度的影响力取决于两个因素：①他人态度的强度，态度越强烈，影响力越大；②购买者遵从他人态度的强度，一般来说，他人与购买者的关系越密切，对购买者的影响越大。

消费者的购买意向是以一些预期条件为基础形成的，如预期收入、预期价格、预期质量、预期服务等。如果这些预期条件受到一些意外因素的影响而发生变化，消费者的购买意向就可能改变。比如预期的奖金收入没有得到，原定产品价格突然提高，购买时销售人员态度恶劣等因素都有可能改变消费者的购买意向。消费者购买决策的改变、延迟或取消除了受他人态度和意外因素的影响外，还在很大程度上与感知风险有关。一般来说，消费者在不确定的情况下购买产品，可能存在预期风险、安全风险、财务风险、形象风险和心理风险，这些可能存在的风险，都会导致消费者精神压力的增加，如果企业不能降低消费者的精神成本，就会降低消费者的感知价值。营销人员在这一阶段必须了解可能引起消费者感知风险的因素，尽量消除或减少引起感知风险的因素，并且向消费者提供真实可靠的产品信息，以增强其购买的自信心。

5. 购后行为

消费者在购买产品之后，就进入购买后阶段。这时，营销人员的工作并没有结束，他们必须监测消费者的购后使用情况和满意度情况。

（1）购后使用和处置。消费者在购买产品以后，如果使用频率很高，说明该产品有较大的价值，消费者重新购买的周期就更短，有的消费者甚至为产品找到了新用途，这些对企业来说都有利。如果消费者将产品闲置不用甚至丢弃，则说明消费者认为该产品无用或价值较低或不满意。如果消费者把产品转卖给他人或用于交换其他物品,将会影响企业产品的销量。

（2）购后评价。消费者对产品满意与否直接决定着其以后的行为。如果消费者感到满意,则非常可能再次购买该产品,甚至带动他人购买该品牌产品；如果消费者感到不满意,就不会再购买,尽量减少或消除失调感。

消费者消除失调感的方式各不相同。第一种方式是寻找能够表明该产品具有高价值的信息,或避免能够表明该产品具有低价值的信息,以证实自己原先的选择是正确的。第二种方式是讨回损失或补偿损失,比如要求企业通过退货、调换、维修、补偿等方式弥补消费者在购买和消费过程中造成的物质损失和精神损失等。第三种方式是向政府部门、法院、消费者组织投诉。第四种方式是采取各种抵制活动,比如不再购买或带动他人拒买等。

所以,在购后阶段,企业的营销任务是采取有效措施减少或消除消费者的购后失调感,及时处理消费者的意见,给消费者提供多种解除其不满情绪的渠道,建立与消费者长期沟通的机制,在有条件的情况下进行回访。事实证明,与消费者进行购后良好沟通可以减少消费者的不满意感,如果让消费者的不满发展到向有关部门投诉或抵制产品的程度,企业将遭受更大的损失。

3.2 产业客户的购买行为

3.2.1 产业市场的特点

1. 产业市场的需求是派生需求

派生需求是指对某产品的需求源于对另一种产品的需求。在产业市场中,购买者属于非最终消费者,其购买目的是生产出产品并销售给最终用户。很显然,产业购买者对产业用品的需求,是从消费者对消费品的需求中派生出来的。从这个意义上来说,影响消费者市场的各种因素,同样也制约着产业市场的规模和发展。产业市场派生需求的特点，要求供应者不仅要了解产业市场的需求水平、竞争态势及用户的特点，也要了解消费者市场的需求态势及需求特点。当然，供应者也可以通过对最终消费者进行促销的方式带动产品的销售。

2. 产业市场的需求波动性较大

产业购买者对产品的需求比消费者对产品的需求更容易发生变化。消费者的需求增加一定百分比，企业为产出相应产品的购买需求将上升更大的百分比。经济学家把这种现象称为"加速效应"。有时消费者需求仅上升10%，就能使下一期产业购买者的需求上升200%之多，而当消费者需求下降10%时，可能会导致企业产品需求的彻底崩溃。

3. 产业市场的需求缺乏价格弹性

在产业市场中，产业购买者对产品和服务的需求受价格变动的影响不大，这是因为：首先，生产资料是生产的必备要素，为保证生产过程的连续性，生产者必须按计划购买生产资料，在一般情况下，其需求量受价格波动因素的影响较小。其次，假如生产资料价格在短时期内变动，由于用户不可能立刻对生产工艺、技术、产品结构进行调整，以适应价格变化，这也使得需求缺乏价格弹性。最后，由于生产者市场需求是派生的，因此，只要最终消费者需求量不变，则生产该产品所需的生产资料的价格即使上涨，也不会导致需求量迅速下降。同理，如果生产资料价格下降，而最终消费者对产品的需求并未上升，购买者对生产资料的需求量也不会增加。

4. 产业市场供需双方关系密切

产业市场的购买者较少，而单个购买者的购买数量较大，购买者需要供应稳定的货源，供应商需要有长期稳定的销路，也就是说，一方对另一方都有重要的意义。此外，供应商通常需要为单一购买者量身定做产品。

因此供需双方往往互相保持密切的关系，在供应链中形成命运共同体，从买卖关系到长期的、互利的战略合作关系。

例如，海尔与供应商建立了战略联盟的伙伴关系，这大大提高了海尔应对市场变化的能力，供应商在全球资源紧张时仍然优先保障海尔的供应。

3.2.2　产业客户购买行为的特点

产业客户购买行为具有如下特点。

（1）购买者地理分布相对集中，多属专业人员。自然资源的分布和生产力布局等因素决定了产业市场购买者往往密布于一定地理位置，从而使这些购买者在地理位置上相对集中。产业市场的购买者多为专业人员，负责实际采购的人员一般都经过专业培训，对所采购产品的技术细节有充分的了解。而且采购品越重要，参与购买决策的人员就越多，通常会由工程技术专家和高层管理人员共同组成采购小组，负责制定采购决策。

（2）直接采购。产业市场的购买者往往向生产者直接采购所需品（特别是那些单价高、技术性高的设备），不通过中间商采购，这样可以降低成本，同时生产商提供的技术服务、售后服务会更好。

（3）招标采购，即购买者通过招投标的形式，通过供应商的相互比价和牵制，并且引入竞争机制，科学地选择性价比最优、最符合自身成本和利益需求的供应商，从而使自身在谈判中处于有利的地位。

（4）分散采购。产业市场的购买者一般同时选择几位供应商，以掌握多条供货来源，并努力形成供应商自动竞争的环境，从而使企业节省采购成本，降低采购风险，但是可能造成供货质量参差不齐。

（5）集中采购。产业市场还通过采购量的集中来提高议价能力，降低单位采购成本，促进采购服务的标准化，减少后期管理的工作量。集中采购的优点是能够取得规模效益，提高效率，降低成本；能够稳定与供应商的关系，实现长期合作；公开采购，集体决策，能够有效防止腐败。例如，海尔集团自1998年开始进行企业内部流程再造，实行统一集中采购，将采购人员从 1000 多人减少到 100 多人，供应商从 2336 家优化到 840 家。

（6）互购与租赁。一方面，买卖双方经常互换角色，即互为买方和卖方。例如，造纸厂从化学公司大量购买造纸用的化学物品，化学公司也从造纸厂那里购买办公和绘图用的纸张。另一方面，租赁是产业市场上的另一重要交易方式。机器设备、车辆、飞机等的单价高，而且技术设备更新快，购买者采用租赁的方式取得一定时期内设备的使用权，这样既可以缓解资金短缺压力，在不追加投资的情况下实现设备技术更新，也可以避免设备折旧的风险。

3.2.3 影响产业市场购买行为的因素

美国的韦伯斯特和温德将影响生产者购买行为的各种因素划分为四大类，即环境因素、组织因素、人际因素和个人因素。

（1）环境因素。环境因素是企业不可控的因素。现行的或预期的环境因素（市场需求水平、经济前景、利率等）对生产资料购买者的影响很大。在经济萧条时期，生产者通常会缩减投资，并设法降低存货水平。但在经济形势稳定的情况下，若政府采取降低贷款利率的政策，企业则会因资金成本的减少而考虑增加生产资料的购买量。同样，技术创新因素、政治法律因素、竞争因素等也会对生产资料的购买决策产生重要影响。

（2）组织因素。每一采购组织都有其经营目标、采购政策、组织结构、管理制度和工作程序，这些因素对购买行为起到约束作用。

（3）人际因素。产业产品的购买决策一般由不同职位、身份的人组成的"采购中心"做出。而这些参与者由于其地位、职权、个人志趣和拥有的说服力不同，因此对购买决策会产生不同的影响。

（4）个人因素。个人因素指各个购买参与者的年龄、受教育程度、职务、个性及对风险的态度等。这些因素会影响参与者对采购品及供应商的感觉和看法，从而影响购买决策和行动。

3.2.4 产业市场购买的决策过程

在全新采购这种最复杂的情况下,产业市场购买决策过程要经过以下几个阶段。

1. 认识需要

认识需要是指购买商认识到需要购买某种产品来满足自己新的需要。它是产业购买决策过程的起点。

2. 确定需要

确定需要是指购买商确定所需产品的特征和数量。简单的采购由采购人员直接决定,复杂的采购则须由购买商内部的使用者和工程技术人员共同决定。由于产业用品在技术、性能、成分、使用方向等方面要求高,内容复杂,因此必须具体确定产品规格、成分、性能、使用方向等,并做出详细的技术说明——既作为采购产品的依据,也便于供应商进行生产、投标和推销活动。

3. 发布需要

发布需要是指购买商将采购说明书通知市场或者相关供应商。

4. 选择供应商

购买商在明确采购目标之后对外发布采购信息,并通过互联网、专业期刊、报纸、产品目录,以及供应商的主动介绍等途径对采购品进行市场调查和了解,评估该采购品的供需状况,然后联系可能符合采购目标的供应商,并请有意向的供应商提供:营业执照、税务登记证、银行信用证明、行业资质证;注册资金、生产场地、生产或经营范围、主要产品目录、生产设备及技术、管理人员状况、生产能力与信誉及服务状况;主要客户、上一年度和近期的财务报告等材料。购买商依据这些材料对供应商进行初步筛选，在此基础上建立起备选供应商数据库。

重点采购品的供应商须经质检、物料、财务等部门联合考核后才能进入备选供应商数据库，如需要实地考核，一般由生产人员、技术人员和财务人员共同参与，对供应商的管理体系及合约执行能力，设计开发与工艺水平，生产运作及质量控制的稳定性与可靠性，以及员工素质等进行现场审核和评分。剔除明显不适合的供应商后，就能够得到一个基本供应商名录。接下来，购买商可对这些供应商发出询价文件，一般包括图纸、规格、样品、数量，以及大致的采购周期和交付日期等细节，并要求供应商在指定的日期内完成报价。购买商在最后确定入围供应商之前，还要考察其产品质量、价格、交货与服务四个方面。

第一，质量。首先，要确认供应商是否建立了一套稳定有效的质量保证体系，产品质量是否达到ISO 9000标准及其他国际公认的行业质量标准。其次，要确认供应商是否建立了一套持续可靠的测试系统，以便对配套产品随时进行检测，这是从产品设计之初就保证质量的关键。例如，雀巢、联合利华、和路雪等大型跨国食品购买商，就为原辅料的供应商制定了达标手册，手册详细地规定了优质生产规范（GMP）、危害分析及关键点控制（HACCP）、实验室规范（GLP）等质量要求，达到这些要求是成为其供应商的先决条件。类似的做法也出现在汽车、化工等行业的大型跨国公司中，这么做的思想基础是"把质量问题消灭在别人的工厂里"。第二，价格。一般要求采购品价格要合理，折扣要大，能够推迟付款等，以降低成本，实现利润最大化。第三，交货。评估供应商是否拥有足够的生产能力，生产设备、人力资源是否充足，有没有扩大产能的潜力，是否有迅速的市场反应能力以及一次性大批量供货的能力。例如，麦德龙超市对供应商的供货时间要求很严格，供货商必须保证提供稳定的货源，否则就不能成为麦德龙超市的供应商。第四，服务。它包括供应商的售前、售中、售后服务记录是否良好。例如，西门子公司要求供应商要将货物百分之百准时、安全送达配送地。只有能够提供良好服务的供应商，才可能被跨国公司评为核心供应商。

5. 签订合约

签订合约是指购买商根据所购产品的技术说明书、价格、需要量、付货时间、退货条件、担保书等要求与供应商签订合约。

6. 绩效评估

为了持续维系最好的供应商，购买商应建立供应商数据库和绩效考核指标体系，以反映供应商的基本情况、质量检测报告、品质评级、历次付款记录、付款条款、交货条款、交货期限等方面，所有评价体系公开、透明，评价指标尽可能量化，以减少主观干扰因素。

购买商会根据这个数据库和指标体系与供应商进行定期的交流，回顾合作关系，如每月，采购员应对所负责的供应商进行一次以上的访问，并提交一份评价报告，内容包括交货记录、生产状况、供应商的发展动态和其他用户的意见；每季度，采购部经理必须与供应商会谈一次以上，沟通并解决发现的问题；每年，由一个包括研发工程师、质检员、采购人员、生产主管、相关专家顾问等人员组成的联合评审小组对供应商进行一次全面的考核评价，考核包括现场考察和有关业务的跟踪记录，各部门对这一年来的合作评价等。

这种绩效评估成为购买商是否继续购买某个供应商产品的主要依据。年底考核优异的供应商可以增加其产品采购额度；考核接近临界值的要直接发出警告；考核不合格的供应商要淘汰，并在评价书中特别说明被淘汰的原因，一年后如果供应商已经改正不足，允许其再次提出成为供应商的申请。例如，丰田公司实行"挤干毛巾最后一滴水"，即如果供应商提供的产品不是在本行业中成本最低的，那么必须每年降低10%的成本，否则在未来的计划年度中，这家供应商将被排除供应体系。

为此，购买商的预算部门要根据市场的变化和产品标准成本对重点监控的采购品定出标准采购价格，促使采购人员充分进行市场调查和资讯收集，了解市场状况和价格走势，注意价格变动规律，把握好采购时机。此外，对于重点采购品的价格要建立价格评价体系，由有关部门组成价格评价组，定期收集有关的供应价格资讯，尽量运用价值工程的方法分析、评价现有的价格水平，并对价格档案和标准采购价格进行评价和更新。

购买商的采购部门要为所有采购品建立价格档案，每一批采购品的报价应首先与归档价进行比较，无特殊原因不能超过档案中的价格水平，否则要做出详细的说明。对完成降低采购成本的采购人员进行奖励，对没有完成的采购人员进行惩罚。这样，可以促使采购人员积极寻找货源，货比三家，不断地降低采购价格。

3.3 中间商客户的购买行为

中间商客户的购买行为特点如下。

（1）分销市场的需求也是派生的，不过，由于离最终消费者更近，这种派生需求反映较直接。

（2）中间商的职能主要是买进卖出，基本上不对产品再加工，所以它对购买价格更敏感。

（3）中间商只赚取销售利润，单位产品增值率低，所以必须大量买进和售出。

（4）交货期对中间商特别重要，他们一旦提出订单，就要求尽快到货，以抓住市场机会，满足消费者的购买，而对销售没有把握的订货则往往推迟到最后一刻，以避免库存过多的风险。

（5）中间商一般不擅长技术，所以需要供货方提供退货服务、技术服务或返修服务，另外往往需要生产厂商做广告，以扩大影响。

3.4 政府客户的购买行为

政府采购是组织购买者中比较特殊的市场，也是十分重要的市场。目前，世界各国政府采购金额一般占各国 GDP 的 10% 以上，美国则高达 25%。

影响政府购买行为的因素除了环境因素、组织因素、人际因素和个人因素之外，还包括国内外政治经济形势和自然因素。第一，政府购买行为受国内外政治形势的影响。如果国家处于战争时期或安全受到威胁时，军费开支就会增加；如果国与国经贸往来增多，援助项目增加，政府采购力度就会扩大；如果在和平时期，基础建设投资和社会福利投资就会加大。第二，政府购买行为受国内外经济形势的影响。在经济繁荣期，政府投资加大，政府购买力增强，以促进经济发展；在经济萧条时期，政府开支减少，政府购买力减弱；政府为刺激经济增长，会增加政府投资，以从事基础设施建设。第三，政府购买行为受自然因素的影响。各种自然灾害会增加政府救灾资金和物品的投入。

政府采购的特点包括采购的规模大，采购资金具有公共性、政策性，采购行为公开、公平、公正，采购流程的规范性等。

政府采购的方式有公开招标、邀请招标、竞争性谈判、单一来源采购、询价等。

3.5 非营利组织客户的购买行为

非营利组织是不以盈利为目的的组织，是指在政府部门和以盈利为目的的企业之外的一切志愿团体、社会组织或民间协会，是介于政府与营利性企业之间的"第三部门"。非营利组织的收入和支出都是受限制的。

非营利组织的购买特点如下。

（1）**限定总额**。非营利组织的设立是为了推进社会公益，而不是创造利润，其正常运转的活动经费主要来自政府拨款或社会捐助，经费的预算与支出都会受到严格的控制。因此，非营利组织的采购必须量入为出，不能随意突破预算总额。

（2）**价格低廉**。非营利组织受经费预算的限制，在采购时要仔细计算，争取选择产品价格低廉的供应商,以便用较少的钱办较多的事。

(3)**保证质量**。非营利组织采购产品不是为了转售,也不是为了使成本最小化,而是为了维持组织的正常运行和履行基本职能,所以其所购产品的质量和性能必须有保证。

(4)**受到控制**。为了使有限的资金发挥更大的效用,非营利组织的采购人员受到较大的制约,只能按照规定的条件进行购买,缺乏自主性。

(5)**程序复杂**。非营利组织的采购过程要经过许多部门的审核,参与者众多,程序相对复杂。

第 4 章

怎样开发客户

企业要想开发客户,首先要能够找到目标客户,其次要想办法接近目标客户,最后要想办法说服目标客户采取购买行动。

4.1 怎样寻找客户

寻找客户是推销的起点,企业不能大海捞针般地盲目寻找客户,应掌握并运用正确的方法。常用的寻找客户的方法有以下几种。

4.1.1 逐户访问法

逐户访问法又被称为"地毯式寻找法",指推销人员在其选择的目标客户群的活动区域内,对目标客户进行挨家挨户的访问,然后进行说服的方法。

例如,被誉为"洋参丸大王"的庄永竞,原来在香港做药材小本生意,开始十分艰难,甚至到了连房租都付不起的地步。有一年他加工出 2000 盒洋参丸,取名"一洲洋参丸",刚开始销路不佳,后来他想出一条妙计。庄永竞每天拿着刊登"一洲洋参丸"广告的报纸,到港九各个药店走访:"老板,你这儿有一洲洋参丸吗?"他装成客户拿广告给老板看,药店老板默默地记下电话说:"对不起,我们存货刚卖完,想要,请留下电话,明天通知你。"庄永竞笑着说："不用打电话，过两天我来，先买一打，这是定金。"就这样，他一连跑了十几家药店，进行强化宣传，效果很好。五天后，他派员工将一洲洋参丸推销到这些药店，取回一叠订单，并连夜送货，体现了本店的办事效率。第二天庄永竞又辛苦跑一趟，把各店铺的货统统买回来，这样由批发价卖出去，又用零售价买回来，虽然白白亏了一些钱，但终于打开了一洲洋参丸的销路。

逐户访问法的优点：①在锁定的目标客户中不放过任何一个有可能成交的客户；②可借机进行市场调查，了解目标客户的需求倾向；③是推销人员与各种类型的客户打交道并积累经验的好机会。

逐户访问法的缺点：①家庭或单位出于安全方面的考虑一般会拒绝访问；②需耗费大量的人力；③推销人员为人处世的素质和能力是成功的关键；④若赠送样品，则成本更高。

一般来说，推销人员采用此法成功开发客户的数量与走访的人数成正比，要想获得更多的客户，就得访问更多的人。

4.1.2 会议寻找法

会议寻找法是指到目标客户出席的各种会议中，如订货会、采购会、交易会、展览会和博览会等，捕捉机会与目标客户建立联系，从中寻找开发客户的机会。例如，出版社利用"全国书市"聚集全国各地的大小书店、图书馆等的机会，与目标客户接触、交谈，争取把他们培养成自己的客户。

4.1.3 俱乐部寻找法

物以类聚，人以群分，每个人都有自己的小圈子和特定的活动场所，因此，如果推销人员能够进入目标客户的社交圈子，对他们的开发工作也就容易进行了，胜算也大一些。

例如，打高尔夫球的一般是高收入阶层的人，保险推销员为了能够接触到这类人士，很用心，也花了不少钱，参加了一家高尔夫球俱乐部，这使得他有机会经常与这些高收入人士交流球技，与他们做朋友……结果，他签到了许多大额保险单。

4.1.4 资料查询法

资料查询法是指通过查询资料来寻找目标客户的方法。资料查询法的优点是能够较快地了解市场需求量和目标客户的情况，成本较低；缺点是时效性较差。

可供查询的资料来源有以下几种。

（1）电话号码簿：记录了公司或机构的名称、地址和电话号码。

（2）团体会员名册：如刊物订阅者名册、协会会员名册、股份公司的股东名册、行业的公司名册、工商企业名册等。

（3）证照核发机构：如企业经营许可证、烟酒专卖证等。

（4）税收名册：如纳税记录、纳税排行榜等。

（5）报纸、杂志登载的信息：如新公司的成立、新商店的开业、新工程的修建等，往往需要多种产品，它们都可能成为企业的客户。

4.1.5 咨询寻找法

咨询寻找法是指利用信息服务机构提供的有偿咨询服务来寻找目标客户的方法。咨询寻找法的优点是方便快捷，节省时间；缺点是咨询机构的可靠性很难判断，另外成本比较高——咨询机构都是有偿服务。

4.1.6 介绍法

通过他人的介绍来寻找有可能购买的客户，这样一种方法叫作介绍法。

人与人之间有着普遍的交往与联系，消费需求和购买动机常常互相影响，同一个社交圈子的人可能具有某种共同的消费需求。只要取得现有客户的信任，就可以通过他们的介绍，找到可能成为客户的其他人，而且说服这些人的可能性较大。此外，商业伙伴也可以帮助介绍和推荐。企业是无法单独生存的，至少它必须有进货的上家和销售的下家。由于大家都处在同一利益链中，很容易因"唇亡齿寒"的"同伴意识"而"互相照顾""互相捧场"，如果能利用这种心态和利害关系，请上家和下家帮助介绍客户，将会有不小的收获。另外，有的企业客户很多，甚至没有时间来招呼客户，如果企业与这类企业搞好关系，就可能得到它们的帮助，它们将顾不上招呼的客户介绍给企业。当然，这里的关键点在于处理好与这类企业的关系，这样它们才可能介绍。

介绍法的优点：①信息比较准确、有用，介绍人知道什么时候、哪位朋友需要这样的产品，这样就可以降低开发过程中的盲目性；②能够增强说服力。由于是熟人介绍，容易取得客户的信任，成功率较高。介绍法一般在寻找具有相同消费特点的客户，或在销售群体性较强的产品时采用。

介绍法的注意事项：①不管业务达成与否，都要请对方帮忙介绍，要学习日本人"即使摔倒了，也要抓把沙"的精神，坚持不懈；②让客户相信你——只有客户相信你的为人、你的产品，才有可能为你介绍，所以一定要取得客户的信任；③要给帮忙介绍的客户一定的好处。

例如，乔·吉拉德是美国著名的汽车推销大王，他推销出 13 000 多辆汽车，平均每天销售 5 辆汽车，创下吉尼斯世界纪录。他曾自豪地说："'250 人法则'的发现，使我成为世界上最伟大的推销员！"原来，有一次吉拉德从朋友母亲葬礼的主持人那里偶然了解到，每次葬礼来祭奠死者的人平均为 250 人左右。后来，吉拉德参加一位朋友在教堂里举行的婚礼，又偶然从教堂主人那里得知，每次婚礼新娘方参加婚礼的人数大概为 250 人，新郎方大概也有 250 人。由此，他总结出"社交圈 250 人法则"，即认为一个人一生的亲戚、朋友、同学等经常往来的人平均大约是 250 人。他由此联想到他的客户，认为能把产品卖给一位客户，就意味着可能再卖给250位客户，关键是要让他将亲朋好友介绍给自己。为此，只要任何人向吉拉德介绍客户买车，成交后，吉拉德会付给每个介绍人25美元。25美元在当时虽不是一笔庞大的金额，但也足够吸引一些人。吉拉德说："一定要守信，一定要迅速付钱。"碰到有些介绍人坚决不收这笔钱，吉拉德会送他们一份礼物或在好的餐厅安排一顿免费的大餐。

4.1.7 "中心开花"法

"中心开花"法是指在某一特定的目标客户群中选择有影响力的人物或组织，并使其成为自己的客户，通过他们的帮助和协作，将该目标客户群中的其他对象转化为现实客户的方法。

一般来说，可作为"中心"的人物有政商要人、文体巨星、知名学者，组织有名牌大学、星级酒店、知名企业等，他们往往在公众中具有很强的影响力，拥有很多的崇拜者，他们的购买与消费行为有示范作用和先导作用，从而能够引发甚至左右崇拜者的购买与消费行为。

"中心开花"法的优点是利用名人的影响力可扩大企业及产品的影响力，容易让客户接受。例如，Tanden公司是"不停歇"计算机的先驱，它把它的第一代产品系统卖给了纽约的花旗银行。很快，《商业周刊》发表了关于花旗银行青睐Tanden的文章，对外界来讲，这一消息再明确不过了——花旗银行能信任Tanden公司就说明它一定是个成功者。于是，很多企业和机构也纷纷成为Tanden公司的客户。

"中心开花"法的缺点：①选择恰当的"中心"是非常重要的，要知道"成也萧何，败也萧何"；②中心人物或组织是否愿意合作及其后期的表现，会影响其介绍的客户的忠诚。

4.1.8 短信寻找法

短信寻找法是指通过发送短信来寻找目标客户的方法。

短信寻找法的优点：①方便、快捷；②价格低廉，能够打破地域限制；③发出的信息只要不删除，就一直能够保留，可以随时提醒接收者；④客户可以就一些他们感兴趣的问题进行交流；⑤以短信的方式问候客户，可以增进与客户的感情。

短信寻找法的缺点：①受虚假诈骗信息的影响，可信度不够；②有的客户对无关短信反感。

4.1.9　网络（微博、微信）寻找法

网络寻找法，即借助互联网宣传、介绍自己的产品，从而寻找客户的方法，包括采用微博、微信等方法。

网络寻找法的优点是方便、快捷、信息量大、成本低，缺点是受网络普及程度、上网条件以及网络诚信的影响。

随着上网人数日渐增多，企业很容易在网络上找到客户，因此网络寻找法前景广阔。网络寻找法的操作方式是：首先，企业根据自己的经营范围登录专业网站，浏览国内外的需求信息，并与这些有需求的客户联系，还可以在网上发布供应信息，吸引客户，进而积累客户资源；其次，登录专门的商务网站，例如，通过登录阿里巴巴的商务通、贸易通来寻找客户并与客户即时沟通，从而挖掘和开发客户；再次，还可以进入聊天室，广交海内外的朋友，从中寻找客户，或者请朋友帮忙介绍客户；最后，企业可以自建网页、微博、微信公众号等吸引潜在的客户主动与自己联系。

4.1.10　挖对手的客户

挖对手的客户是指企业运用各种竞争手段，如通过创新的产品、免费的培训和优惠的价格等方式，从竞争对手手中抢夺目标客户的方法。当竞争对手的产品、服务明显不能满足目标客户的需求时，此法最适合采用。

例如，有家企业想把自己的高档写字楼租出去，而当时写字楼出租市

场处于严重的供过于求状态。经过分析，该企业认为客户来源只能是在其他写字楼办公的公司，于是派销售人员收集客户情报，与这些客户保持密切的联系，并赠送一些内部刊物，把工作做在前面，以使自己处在"替补"的位置。果然，有些租期将满且对现租的写字楼不满意的客户纷纷选择了这家"替补"的写字楼。

西尔斯公司曾经是全球大宗邮购与零售业的始祖，一直保持着零售业之冠的地位，但后来被沃尔玛赶超。为什么会这样呢？原来，西尔斯一向以"中下阶层"为目标客户，主要卖点是价格低廉，可是第二次世界大战后消费者结构层次发生了变化，"中下阶层"已逐渐分化为"中上"和"下"两个阶层。沃尔玛针对这一变化，采取了不同的经营形式。其中，山姆会员店和沃尔玛购物广场争取到"下"层消费者的惠顾；沃尔玛综合性百货商店，装修气派，规模庞大，产品多样，服务周到，受到"中上"层消费者的青睐。就这样，沃尔玛从两方面同时向西尔斯公司发起进攻，最终取代了曾经风靡整个美国的西尔斯公司，成为零售业第一品牌。

4.2 接近客户的方法

企业要接近客户，有如下几种方法。

（1）馈赠接近法，指推销人员通过赠送礼物来接近客户的方法。此法比较容易博得客户的欢心，取得他们的好感，从而拉近推销人员与客户的关系，而且客户也比较乐于合作。

（2）赞美接近法，指推销人员以称赞的语言博得客户的好感，从而接近客户的方法。需要注意的是，推销人员在称赞客户时要真诚，要恰如其分，切忌虚情假意，否则会引起客户的反感。

（3）服务接近法，指推销人员通过为客户提供有效且符合其需要的服务，如维修服务、信息服务、免费试用服务、咨询服务等来博得客户的好感，赢得客户的信任，从而接近客户的方法。

（4）求教接近法，指推销人员利用对方好为人师的特点，通过请客户帮忙解答疑难问题，从而接近客户的方法。但是要提对方擅长的问题，而不要考问对方，如果让客户下不了台，生意也就黄了。在求教后要注意及时、自然地将话题导入有利于促成交易的谈话中。

知识扩展：如何接待客户并获得客户的好感

接待不同类型客户的方法

（1）接待熟悉的老客户要热情，要有如遇故友的感觉。

（2）接待新客户要有礼貌，以给其留下良好的第一印象。

（3）接待精明的客户要有耐心，不要显示出厌烦的情绪。

（4）接待性子急或有急事的客户，要注意快捷，提高效率。

（5）接待需要参谋的客户，要当好他们的参谋，不要推诿。

（6）接待自有主张的客户，要让其自由挑选，不要干扰他。

（7）接待女性客户要注重新颖和时尚，满足她们爱美和求新的心态。

（8）接待老年客户要注意方便和实用，要能让他们感到公道和实在。

立即获得客户好感的方法

（1）问候。面带微笑，有礼貌地与客户打招呼，适当地尊称对方，热情称呼他们的名字，向他们问好，表达自己的喜悦与兴奋。要记住客户的名字，并且不时亲切地、动听地称呼他。频频称呼客户的名字会使客户产生被尊重的感觉，由此能够加深与客户之间的感情。

（2）感谢与称赞。首先感谢对方的接见，语气要热忱有力，接着要对客户做出具体、真诚的称赞，而不要随便奉承——如果做不到，就不要勉强，否则会产生反效果。

（3）微笑。"酒店之王"希尔顿酒店的创始人希尔顿的母亲告诉他，想使经营持久发展，就要掌握一种简单、易行、不花本钱却又行之长久的秘诀，那就是微笑。良好的服务、环境可以令客户"宾至如归"，热情、微笑会令客户"流连忘返"。

4.3 怎样说服客户

4.3.1 说服客户的技巧

1. 介绍到位

推销人员要大大方方地介绍自己的企业、自己的名字，自信地说出拜访理由，让客户感受到你的专业性及可信赖性。要向客户介绍企业的情况和产品的优点、价格及服务方式等信息，及时解答和解决客户提出的问题，消除客户的疑虑，并且根据客户的特点和反应，及时调整策略和方法。

推销人员在介绍时还可以运用富兰克林式的表达，即向客户说明，如果你买了我们的产品，你能够得到的第一个好处是什么，第二个好处是什么，第三个好处是什么，第四个好处是什么……同时向客户说明如果不买我们的产品，你可能蒙受的第一个损失是什么，第二个损失是什么，第三个损失是什么，第四个损失是什么……这样，客户在权衡利弊得失之后，就会做出选择。日产汽车公司的首席推销员奥城良治，整整想了100条客户买他的汽车能够得到的好处和客户不买他的汽车会蒙受的损失。这么用心和富有技巧的推销人员，他的销售业绩怎么会不高呢？！

2. 善于倾听

推销人员要想更多地鼓励客户参与，了解更多的信息，在善于提问的同时，还要善于倾听。倾听不仅有助于了解客户，而且也显示了对客户的尊重。

良好的倾听表现为：身体稍微前倾，保持虔诚的身体姿势，眼睛保持与客户的视线接触（不时对视，但不是目不转睛），经常点头，表示在听；认真听客户讲的话，把客户所说的每一个字、每一句话，都当作打开成功之门不可缺少的密码，绝不放过，当然也要留意客户没有讲的话；适当地做笔记，适时地提问，确保理解客户的意思，并且思考客户为什么这么说，或为什么不这么说。

如果推销人员能够有意识地从这些方面提高技巧，那么大多数客户都会乐意讲话。毕竟，这个世界上愿意听别人讲话的人实在是太少了。

3. 换位思考

一般来说，客户只关心自己的事，只关心自己能够从企业那里得到什么，因此，企业应当站在客户的立场去想问题。

管理大师德鲁克曾经讲过一个故事，20 世纪 60 年代，美国一家润滑油企业的销售人员到南美洲一家著名的矿厂推销润滑油，那里的机器设备有很多，每年需要大量的润滑油，因此世界上许多润滑油生产厂家都把它作为重点目标客户。为了应对竞争，这位销售人员不得不把价格压得很低，并许下很多承诺，但矿厂老板不为所动。在一次次的失败之后，这个销售人员苦思冥想，终于发现了真相——客户根本不需要润滑油！客户需要的是机器设备能够正常运转！在发现了客户的根本需要之后，销售人员找到矿厂老板，对他说："我负责赔偿你的机器设备因出现故障停工造成的各种损失。"矿厂老板颇感意外，但销售人员的话显然引起了他极大的兴趣。销售人员接着说："条件是你要按照我提出的保养计划保养机器，并要使用我的润滑油……"不用说，这个销售人员成功了，他的成功归功于他将自己的身份由润滑油推销员转换成机器设备的保养顾问！

4. 投其所好

每个人都有自己的爱好，而这种爱好往往又希望得到别人的赞赏和认同，因此，推销人员应当积极发现客户的爱好和兴趣，迎合他、欣赏他，尽量满足对方的爱好和愿望，投其所好，这样客户会把你当成"知音"，双方的距离一下会拉近很多，甚至成为好朋友。这样，接下来的说服工作就容易多了。

4.3.2 说服客户要有恒心

《荀子·劝学》告诫我们："锲而舍之，朽木不折；锲而不舍，金石可镂。"

有一个古老的故事，一个人试图用锤子锤烂一块巨石。他锤了十几下，巨石纹丝不动；又锤了几十下，巨石依然如故；他又连续锤了两百下，还是没有任何结果。但是这个人毫不灰心，仍然接着锤啊锤……突然，一锤砸下后，巨石一下就裂开了，碎成了许多小块。

这则故事启示我们：做事要持之以恒，"只要功夫深，铁杵磨成针""滴水可以穿石"，说服客户也是同样的道理。

4.4　互联网技术在开发客户中的应用

互联网能够突破时空限制，用户可随时随地进行信息的发布与获取，是当今最先进的信息载体。互联网技术是建立在计算机技术基础上的信息技术，能够实现信息的存储、处理和传输，互联网技术的数字化、网络化、高速化能够让客户享受方便、快捷的服务。

在网络环境下，客户可通过互联网向企业定制产品，发送订单，提出服务请求和服务类型，查询常见的问题，检查订单状态，实现网上自助服务。企业可以利用网络建立属于本企业的站点，将大量的产品信息和与之相关的信息发布在网站的主页上，客户可以随时上网了解这些信息。对于企业而言，通过网络获得潜在客户也变得更为快捷、简单。当客户浏览企业产品信息产生兴趣，想进一步了解更多的信息时，可以要求浏览者注册，填写有关资料，这些注册的人极有可能成为企业的潜在客户，而他们浏览过的信息也是极有价值的，企业的销售人员可以有目的地向他们宣传和推销这些产品，使他们最终成为企业的客户。在利用网络发布产品信息的同时，企业还可以在网上开展问卷调查，了解当前客户对产品的意见以及发现客户的诸多个性化需求，从而使产品的设计和服务更接近客户的需求，提高客户的满意度。

案例：强生通过互联网开发客户

首先，强生的网站界面清新淡雅、明亮简洁，设有"宝宝的书""宝宝与您及小儿科研究院""咨询与帮助中心""母亲交流圈""意见反馈"等创新栏目，让年轻的家长有想去体验的欲望。

其次，强生选择婴儿护理品作为公司网站的形象产品，将企业网站变成了一部"个性化的、记录孩子出生与成长历程的电子相册"，增强了强生品牌的感召力。由于企业网站变成了一部从孩子出生到成长的电子相册，所以强生这个名字，必然成为最先占据新生儿脑海的第一品牌，该品牌可能将从其记事起，伴随其度过一生。

最后，在网站上，强生时刻提醒着年轻的父母们关注宝宝的睡眠、饮食、哭闹、体温等，并且有相关的栏目帮助人们解答育儿疑问。随着孩子的成长，强生会时时展开"强生沐浴露""强生安全棉""强生尿片""强生奶嘴""强生2合1爽身粉"等孩子所需的公司产品。强生网站这份育儿宝典会告诉父母哪些产品正是孩子现在所必需的。年轻的父母们会突然发现，孩子的成长离不开这个育儿宝典。

4.5 移动互联网技术在开发客户中的应用

在移动互联网时代，人们追求更加方便、快捷的生活方式，其中，传统的沟通方式日益跟不上现代生活的快节奏，移动社交软件的出现带来了沟通方式和生活方式的变革，其中以QQ、微博、微信等聊天应用软件为主要代表。这些聊天应用软件都具有移动互联网时代全新的技术特征，带来了沟通方式的转变，实现了人们沟通交流的无距离感、无阻碍性，以更加直接的语音通话和在线视频方式打破了传统沟通方式的局限，以更加简单的认识渠道和沟通方式打破了忙碌生活状态下都市人群的交流壁垒。

案例：移动互联网在商业银行开发客户中的应用

商业银行可通过微信公众号、手机银行、网上银行客户端来推送软文、优惠信息、积分、新产品以及产品的使用方式等信息——一是向潜在客户进行信息推送，吸引新客户；二是向老客户推送信息，维护和老客户的关系。

在软文方面，商业银行可根据最新发生的新鲜事、节日等热点来撰写软文，借助这些热点来营销产品，促进客户了解产品，甚至购买和使用产品。

优惠信息主要是使用信用卡时的优惠、商业银行网上商城的折扣商品，提醒客户使用信用卡或购买优惠产品，以提高客户的满意度和黏性。

手机银行是商业银行线上的主要流量入口，商业银行根据客户需求在手机银行设置支付、交易、理财融资、消费四大功能，并结合营销活动来引导客户使用移动端渠道。

随着移动互联网的发展，网络社交购物市场越来越受到各方平台和资本的青睐，是未来发展的一片蓝海。社交网络具有三大特性：一是传播速度快，以微博、微信等为代表；二是情感共鸣强，一则消息一旦抓住用户的痛点，引发其共鸣后便会产生广泛的传播，一个话题性事件引爆网络后很可能引起全民讨论，瞬间点燃整个网络；三是黏性强，以微信、微博、直播等主导的社交网络平台将目标客户群聚集在一起，通过互动运营、情感营销增加客户对企业的好感，而这种好感不仅影响社群成员，还会通过社交网络发散性地影响社群成员周围的人。

社群营销是基于社群形成的一种新的营销模式，通过互联网超强的传播效应，利用群体情绪化的特点，借助社群成员对社群的归属感和认可度建立良好的互动体验，增加社群成员之间的黏合度和归属感，从而让社群成员自觉传播品牌，甚至直接销售产品，达到营销目的。

4.6 新媒体在开发客户中的应用

新媒体最早出现在美国，这一概念是一个动态概念，与传统的报纸、广播、电视等媒体有区别，主要依赖现代化的数字及网络技术和通信技术，如通过无线通信网、宽带网络、互联网、卫星等方式，借助电脑、手机、iPad等用户终端，实现实时、快速、便捷的视频、文字、图片、语音等多种数字化信息的传输及娱乐功能，是一种全新的传播方式和手段。

新媒体时代，信息内容不仅有媒体方面的参与，同时还有受众方面的参与，受众既是信息的接受者，也是信息的创造者，可随时随地将自己看到的内容通过视频、图片等方式，借助网站、论坛、微信、微博、QQ等传播方式进行迅速的发布和传播甚至评价及建议，而不受制于传统的制度、格式及内容方面的要求，体现出更强的自主性。受众还能够根据自己的需求自由创建网站、论坛、微信群、微博、QQ群等，实现充分的个性化交流，范围更广，互动加深。

新媒体时代，信息传播更加碎片化，一些手机视频等能够很迅速地借助微信、微博、QQ等传播平台传播开来，引起广泛的关注，甚至成为人人都在关注的重大事件，体现出的传播性、宣传性、针对性更强，而且这些信息的发布者会根据受众及自己的喜好和需求，提供具有较强针对性的信息内容，打破了传统媒体在信息传播方面的滞后性等缺点。

新媒体时代，信息传播速度更快，发布范围更广。2003年7月，美国媒体人肖恩·鲍曼（Shayne Bowman）和克里斯·威尔斯（Chris Willis）首次对自媒体进行了定义，认为自媒体是大众借助数字化、信息化技术，与全球信息及知识系统连接后所展现出来的大众如何提供、分享他们自身的信息、新闻的渠道和方式。自媒体平台包括微信、博客、微博、论坛、BBS等，微信公众号是最典型的自媒体形态。进入自媒体时代后，人和人之间的交流、沟通更加快捷和方便，人们更习惯使用手机来进行网上购物、网上付款等，而商家可以利用网络平台及时发布相关信息，通过自媒体平台提高销售的针对性，建立自己的消费群体，从而更好地进行客户关系管理活动。

随着网络的普及，智能手机及智能电视、互联网、微信等被广泛应用，使得企业借助新媒体实施客户关系管理有了更加广泛的群众基础，新媒体在不同的消费群体中得到广泛应用，如青少年群体、上班群体、中老年群体等。新媒体为企业开展客户关系管理提供了新的传播平台，企业可以对用户信息开展分类汇总，根据用户的需求和消费喜好开发潜在客户，针对产品进行文字描述并配备相应的图片以及视频，更好地实施网络推广、广告植入等，从而扩大产品宣传的范围，促进产品宣传的有效性和时效性。基于新媒体平台的用户较为广泛，借助一些门户网站及搜索引擎能够进行广告定制，同时根据消费者的消费习惯等确定所需的关键词，还可以提高产品被检索的针对性，从而有效地促进产品的销售。

4.6.1 微博

微博，也就是微型博客，是一种通过关注机制分享简短实时信息的广播式的社交网络平台，最初同时也是最有名的微博要数美国的 Twitter。客户能够利用 WEB、WAP 等很多种类的客户端注册个人社区，以 140 字符以内的文字更新信息，同时完成实时分享。一般的公众都非常喜欢充当"报道者"，喜欢在传统媒体播报与政府新闻公布之前，先在微博上公布出最新的消息或者对突然发生的事件进行"现场直播"。所以，微博被评为"杀伤力最强的舆论载体"，因为它具备手机短信、社交网站、博客与 IM 四项平台的优势。

由于大部分网民对微博非常信任，调查表明，近乎 80% 的网民会信任微博上发布的内容。所以，企业利用微博发布产品资料，受众对它的信任比对广告等传统媒体更深，并且微博能够和使用者交流互动，有助于客户了解关于产品的信息，这些都是传统媒体难以做到的。

此外，由于微博信息更新速度快，微博内容传播很广，所以大部分网友都会把微博当作知晓重大事件的通道，而且它的评论功能也可以使网友对事件发表意见，这便让微博成了重大事件的舆论中心，对企业而言这也是一种及时解决危机的非常好的手段。

总之，微博具有广泛的受众，热门微博、微博头条具有较大的影响力，企业不必浪费大量人力、物力进行传播，更加节约资源。另外，微博还具有较强的煽动性，可以容易地将消费群体与品牌相结合，为品牌传播贡献力量。

4.6.2 微信

微信，英文名字叫"WeChat"，是腾讯公司推出的一款手机免费应用程序。它不仅能够快速地发送文字、图片、表情、语音、视频，还能多人语音对讲和共享位置等，可以跨通信运营商、跨操作系统平台，具有零话费、跨平台沟通、显示实时输入状态等特点。与传统的短信沟通方式相比，微信更灵活、更智能，且节省资费。微信自问世以来，紧紧围绕即时通信的核心功能，通过不断地丰富和完善，已经发展为集沟通、社交、媒体、营销、工具五大功能于一身的平台化产品。

1. 微信的优势

（1）微信客户群非常庞大。微信出现两年后，我国的微信客户群体就已经突破六亿，而且目前客户量仍在逐步上升。微信添加好友的功能不受地域和时间限制，而且添加方式和渠道也得到了有效的扩大，手机通信录、QQ好友，以及摇一摇、查找附近的人、二维码扫描等功能都能添加好友。

（2）受众精准。传统媒介以"一对多"的形式广而告之，信息的传播与扩散是单方面的，客户很难迅速接收到有效信息。相对于微博这类开放式网络社交平台来说，微信账号只有客户自己搜索并关注了才会收到信息。他们对群发信息通常没有抵触情绪，而且客户关注的往往都是自己感兴趣的信息，所以微信的信息展示具有亲和力。利用微信可以对某客户进行一对一、有针对性的消息推送。摇一摇、漂流瓶、附近的人、二维码、朋友圈等微信功能都是新的服务方式，使服务的展开变得更加容易。

（3）客户体验性强。微信支持的传播材料形式并不局限于文字，还有视频、图片、名片、位置、表情、视频聊天和实时对讲等，另外，微信还有朋友圈、公众号、建群等功能模块，能够吸引客户参与其中，极大地增强了客户体验。

（4）成本低。微信从推出之日起就强调免费，微信的大部分功能是免费的，比如发送即时消息、申请个人或企业微信公众号、发布朋友圈等；另外一些附加功能收费也很低，相对于电视广告每秒几十万元到几百万元的费用，微信营销的运营成本极低。

（5）没有时间和空间限制。在互联网平台上，利用网络的便利性，微信服务并不局限于每周5天、每天8小时，而是每天24小时都能够进行营销。互联网平台的存在极大地缩短了企业与客户之间的距离，企业和客户在沟通上没有了时间和空间限制，通过微信平台，客户能够快速地搜索到企业的产品信息，而企业也能够根据微信客户的使用习惯来针对性地提供服务。

2. 微信的功能

（1）查看"附近的人"功能。查看"附近的人"是基于位置的社交技术功能插件，使用该功能微信客户能在一定范围内搜索到其他客户。企业要完善自己的名称和 Logo 以及签名设计，从而在企业被附近的微信客户搜索到时，可以把企业和产品的相关信息传播出去。

这种功能还可以让企业添加微信好友更加精准，企业可以拥有自己的微信号，并且进行头像和个性签名的合理设置，然后通过两种方式来添加好友：第一种就是客户使用"附近的人"这项功能，找到想关注的企业并添加好友进行关注，这样双方可以进一步沟通；第二种就是企业专门到潜在客户多的区域，利用"附近的人"这项功能来添加客户，就如同活的广告牌，吸引他人添加好友并关注。添加完好友后就可以适时推送一些和商家或产品有关的图片或信息。该模式适用于餐饮等具有较强零售能力的服务行业，面向的受众是周围现有或潜在客户，便于获得客户反馈信息。

微信的头像和名称很重要，有个好看的头像能意外增加一些粉丝，但不要轻易改动头像和名称。真实的头像能够在添加陌生人时增加通过率，理想的方式就是大方地将企业或个人的本名设为微信名。

（2）"扫一扫"功能。"扫一扫"是通过二维码扫描的一种模式。微信客户将取景框打开对准企业二维码进行扫描，就能关注该企业公众微信号或者获取一张该企业的电子会员卡，以此来促进客户长期购买。例如，客户只要扫一下星巴克二维码，便可以关注星巴克，以后便能定期收到优惠信息及新品推荐，同时，还能享受星巴克的专门服务。

（3）朋友圈功能。朋友圈是微信注册者常用的一种功能，企业和客户可以构建自己的圈子，通过文字与图片等多种形式，实现分享互动，同时，微信还允许企业在开放平台上对自己的应用进行接入。这样，通过开放的平台与朋友圈的社会化媒体，客户对发布的信息内容进行评论和推荐，实现信息内容的分享与推广。微信的朋友圈功能可以实现图片、文字、链接、视频在朋友圈的传播，客户可以直接通过自己的朋友圈查看相关产品的营销信息。

朋友圈发什么？生活、娱乐方面的内容可让对方多了解你，并让对方真切地感受到你不是一个销售机器；产品常识方面的内容可给对方带来一种专业的感觉；销售业绩或荣誉方面的内容可以给对方企业生意红火、专业可信、能被认可的感觉；服务经历，如帮客户处理问题的经过以及结果，最好配上图片，可给对方带来你很有服务精神的印象；客户的感谢短信，如将客户的感谢短信截屏发到朋友圈，可打造自己的形象；活动促销类信息可引起客户的兴趣，带来与你沟通的可能，从而创造销售机会；新闻、热点话题以及其他信息可增加朋友圈内容的趣味性，增加对方关注的黏性。

如果企业发布的信息量过大或不真实，会引起客户反感甚至直接把企业屏蔽。因此朋友圈推送营销信息需要注意发送信息的质量、频率、时间等。一般来说，每天发3～5条朋友圈比较合适，生活和产品推广穿插发，文案要短而精，要有底蕴，不要刷屏让别人反感。此外，多用提问的方式发朋友圈，如"床垫买硬的还是买软的好呢"。另外，要结合热点事件发朋友圈，内容要多样化，不能太单一。

此外，微信有分组功能，可以利用分组功能贴标签，设置意向客户组、成交客户组、待跟进客户组等，可以合理管理朋友圈，方便后期有目的性地跟进。

（4）微信公众平台功能。微信公众平台的主要功能是互动沟通、客户管理和定制客服。

互动沟通就是信息的彼此交流，微信公众平台可以向关注它的客户发送信息，这种信息可以是服务资讯、产品促销，也可以是热点新闻、天气预报等，甚至可以与客户在平台进行互动，实现咨询、客服等相关功能。通过微信公众平台，企业可以方便地设置调查页面，并且随时可以调整调查内容，客户则可以很方便地通过手机对服务进行评价，企业就可以在第一时间获得关于服务质量的反馈，清楚地了解服务的哪个环节存在问题，哪些服务人员存在问题，以便及时纠正。一些餐厅在菜单上标注官方微信二维码，客户关注之后，可以对餐厅菜品进行评价，经营者则可以向这些客户推送餐厅的促销信息，为客户提供就餐指导。这样长期的线上与线下交流，可使经营者与客户建立良好的关系。

客户管理是指微信公众平台可以根据关注客户的一些特征，比如客户查询过哪些产品信息，接受过哪类服务，参加过哪些调查，参与过哪些促销活动等，进行智能分析，对客户进行分类，并存入服务数据库，作为后续宣传推广的基础和依据。

定制客服主要是通过"自定义菜单"功能来完成的，通过"自定义菜单"开发出不同的服务功能。"自定义菜单"可以直接引导客户跳转到其他页面，通过它客户可以更方便地与微信公众号进行互动。"自定义菜单"

的位置在微信对话框的最下面，也就是之前对话栏的位置，只不过现在变成了菜单选项，客户可以对菜单中的选项进行点击操作，这时会自动弹出对应的信息或者新的网页。

另外，微信公众平台还可以对客户投诉进行处理，企业可以在微信公众平台设立投诉、意见箱，并要求相关负责人对所有投诉内容给予足够的重视，并且就错误的地方公开向客户道歉，以及要求相关部门进行事后跟踪。

如今，微信公众平台已经成为极佳的服务平台。企业的微信公众号不仅代表企业的形象，更能体现出企业的内在文化。因此，在创建企业的微信公众号时，不仅要贴合企业自身的形象和气质，更要体现企业的文化内涵，使得客户在搜索企业的微信公众号时有耳目一新的感觉。

（5）聊天群功能。推销人员可以利用聊天群这一功能创建或加入聊天微信群。推销人员创建或加入微信群之后，不应立即发送产品相关内容广告，而应与群里的人员进行积极的交流，进行良性互动。待与群里的人拉近关系后，方可进行产品推荐。

|第5章|

怎样让客户自己上门

如果企业能够利用自己的优势，如有吸引力的产品或服务、有吸引力的价格、有吸引力的促销、购买的方便性，来满足客户渴望已久的需求，那么客户很可能会满心欢喜地主动购买企业的产品，这种途径显然是获得客户的理想途径。

例如，麦肯锡公司从来没有在大众媒体上投放过广告，更没有通过营销人员主动打电话给客户，但麦肯锡从来不缺客户。因为对于麦肯锡而言，成功的营销不是去推销，而是能识别客户需求，创造客户需求，然后利用企业的优势与专业技术去满足客户的需求。

5.1 产品或服务要有吸引力

5.1.1 功能效用

功能效用是吸引客户最基本的立足点，功能越强、效用越大的产品或服务对客户的吸引力就越大。

例如，被称为"PC机之父"的史蒂夫·乔布斯（Steven Jobs）曾在产品开发过程中，派工程师走访了30多所大学，询问大学里需要什么样的机器。根据调查和咨询结果，他推出了存储量大、程序简单和兼容的分体式计算机，立即受到欢迎。

海尔集团在做市场调研时，一个客户随意说到冰箱里的冻肉拿出来不好切，海尔立刻意识到这是一个未引起冰箱生产企业重视的共性问题。于是，根据"食品在 -7℃时营养不易被破坏"的原理，海尔很快研制出新产品"快乐王子007"。这款冰箱的冷藏冻肉出箱后可即时切，于是很快走俏。可见，好东西自然会吸引客户！

宝洁公司也设计出了满足不同消费者需求的产品系列，比如洗发水，宝洁公司设计出了满足消费者护养头发需要的潘婷洗发水，满足消费者去头屑需求的海飞丝洗发水，满足消费者柔顺头发需要的飘柔洗发水，满足消费者保持发型需求的沙宣洗发水等。因此，宝洁公司的产品被客户竞相追捧。

5.1.2 质量

"好东西自己会说话"——质量优异的产品或服务总是受到客户的青睐，质量在吸引客户上起到了至关重要的作用。

例如，法国家乐福公司对采购品的质量要求很严格，生产厂家必须通过包括工厂检测、产品测试直至装运检验等一系列长达半年的考核，才能向家乐福供货。德国麦德龙公司将对产品质量的要求永远排在第一位，所有进入麦德龙采购系统的产品先要在国内的某个区域销售，效果好才可以进入全国市场，最后才能分销到国外。日本大荣公司也很看重产品的安全性，因为进入大荣连锁采购系统的产品将有可能出口日本，而日本对进口产品都有严格的标准，尤其是产品的安全性。

质量有问题的产品或服务，即使非常便宜也没有人愿意购买，人们唯恐避之不及。相反，对于高质量的产品，即使价格高些，人们往往也愿意接受。因为质量往往代表安全、可靠和值得信赖，人们之所以购买名牌产品或服务，最主要是看中其过硬的质量。

劳斯莱斯的创始人亨利·莱斯曾说过："车的价格会被人忘记，而车的质量却长久存在。"劳斯莱斯的成功得益于它一直秉承了英国传统的造车艺术；精练、恒久、巨细无遗。特别值得一提的还有劳斯莱斯讲究豪华的车内装饰——车内的仪表板是从意大利和美国进口的胡桃木，刻意选用的材质，连纹路的颜色都要一致，因此拼缝接口处几乎看不出接缝的痕迹，经过精心打磨的木料，表面光亮如镜；座椅及顶篷选用丹麦和英国的上等牛皮，其下脚料为巴黎高级首饰店的皮包面料，经过多道工序加工的牛皮光滑柔软，表面涂有既耐磨又防水的涂料；车内地毯选用纯威尔顿羊毛制成，连后车厢也铺满地毯……车内宽敞舒适，颇有宫殿气派，因此，英国女王以此车作为自己的"御驾"，劳斯莱斯1955年被授权使用皇室专用徽章，一直到今天。

5.1.3 特色

如今市场上同类同质的产品或服务越来越多，因此，企业要想在激烈的市场竞争中脱颖而出，其产品或服务必须有足够的特色才能吸引客户的注意或光顾。

例如，沃尔玛公司针对不同的目标消费者，采取了不同的零售经营形式：针对中层及中下层消费者的沃尔玛平价购物广场；只为会员提供各项优惠及服务的山姆会员商店；深受上层消费者欢迎的沃尔玛综合性百货商店等。通过这些不同的经营形式，沃尔玛分别吸引了零售的各档市场。

又如，在比利时首都布鲁塞尔，有一家"棺材酒吧"，酒吧里面摆着一副副棺材形的吧台，人们用一个个像骷髅的酒杯饮酒，杯子里盛着独家调制的鸡尾酒"午夜之眼""吸血鬼之吻"等，令人毛骨悚然。整个店充满了恐怖气氛……"棺材酒吧"的老板抓住了人们心理上的弱点，反其道而行之，从而刺激了人们的感官，吸引了许多"勇敢者"光顾，开业不到3年，它的客户已遍布欧洲各国。

在芝加哥斯泰特大街3个街区的短短距离内，就有美国最大的女鞋零售商爱迪生兄弟公司3家定位不同的连锁店，虽然它们距离较近，却不影响彼此的生意，这是为什么？原来爱迪生兄弟公司经营了 900 多家鞋店，分为 4 种不同的连锁形式，每种连锁形式针对不同的细分市场。比如，钱德勒连锁店专卖高价鞋，贝克连锁店专卖中等价格的鞋，勃特连锁店专卖廉价鞋，瓦尔德派尔连锁店专卖时装鞋，各有各的特色。这就是为什么它们同处一地，却相互不影响——它们各自有自己的目标客户，相互不"打架"。

5.1.4 品牌

品牌是用以识别某个产品或服务，并使之与竞争对手的产品或服务区别开来的商业名称及标志。品牌对客户的吸引力在于，品牌是一份合同，是一种保证，是一个承诺。无论购买地点在哪里，无论分销形式如何，品牌向客户提供了一种统一的标准，减少了客户可能冒的风险，能够更好地维护客户的利益。

当客户对产品或服务的安全和质量要求很高时（如给婴儿购买护理产品），或者当客户难以事先评估产品的性能时（如电脑、音响等高科技产品），品牌的作用尤为突出。因为品牌能够让客户信任、放心，尤其是久负盛名的品牌更能增强客户购买的信心。

当我们不是为个人购买，而是为团体或单位购买时，购买名牌产品或服务就显得更为重要。因为，假如你购买的产品出问题了，如果购买的是知名品牌的产品，那你可能不会受批评；如果你购买的是杂牌，可能人们会对你有很多疑问。所以，在美国，人们常说"购买 IBM 产品的雇员永远不会被解雇"。

品牌对于客户的吸引力还在于，品牌不仅有利于维护客户的利益，还有助于提升客户的形象，特别是有些产品的购买被称为社会地位的标志，如服装、酒、汽车等，由品牌产生的附加值是根本性的，起着绝对的作用。品牌将自己的身份传递到人们身上，提高了使用它或消费它的人的身价，给人们带来心理上、精神上更高层次和最大限度的满足。因此，无论是 IBM 还是 GE，或者耐克、松下，它们都受到客户的追捧，唤起了无数客户的购买热情。

5.1.5 包装

产品给客户的第一印象，不是来自产品的内在质量，而是来自外观包装。

包装是指为产品设计并制作容器或包扎物的一系列活动，它是不属于产品本身的又与产品一起销售的物质因素。包装能够方便产品的保护、运输、储存、摆放上架，被消费者识别、携带和使用。

包装吸引客户的作用主要体现在"无声销售员"上。

一方面，当产品被放到自选柜台或者自选超市时，好的包装能够吸引客户的视线，引起或加强客户的购买欲望。例如，好的食品包装可以引起人们的食欲，并能够提示产品的口感和质量，令人垂涎欲滴。据英国市场调查公司报道，去超市购物的女性，由于受精美包装等的吸引而购买物品的数量常常超出原来计划购买数量的45%。

另一方面，当各个品牌之间的"内在"差异很小或很难被消费者感知的时候，包装在功能方面或视觉方面的优势会让产品"占上风"，并左右客户的购买决策。美国杜邦公司研究发现，63%的消费者是根据包装来选择产品的。

此外，颜色、造型、风格、陈设、标签等，实际上也是"大包装"的范畴，它们可以建立赏心悦目的形象，吸引客户光顾。

例如，宝洁公司杏黄色的包装，给人以营养丰富的视觉效果；海蓝色的包装，让人联想到蔚蓝色的大海，带来清新凉爽的视觉效果；草绿色的包装给人以青春美的感受。

基于使外观华贵和精致的考虑，雅芳在包装上选择了一种光滑、饱满带金属光泽的蓝色，所有的包装色彩都以这种核心蓝为底色，这带给客户一种和谐、高档的视觉感受。

又如，住房装潢设计室摆放计算机，给人以现代、高科技的感觉；面包房清新而芳香的空气能够提示所出售的面包新鲜程度高；西餐厅温暖、宜人的气氛，柔和的灯光和音乐能够提示其温情、细腻的服务；酒吧强烈的音乐能够提示其热情、豪爽的服务……这些"大包装"的成功，可以吸引众多的客户前来消费。

再如，天津亨得利钟表店在布局上全力突出一个"准"字，沿客户行走路线的柜台橱窗中陈列了样式各异的数千种钟表，并且全部处于走时状态，表针整齐划一，尤其是整点的时候，所有钟表都发出悦耳的声音，组成和谐的乐章，这样用心的"包装"无疑有助于提示这些钟表的质量，给客户留下深刻的印象，从而吸引客户购买。

5.1.6 服务

服务是指伴随着产品的出售，企业向客户提供的各种附加服务，如产品介绍、送货、安装、调试、维修、技术培训、产品保证等。企业向客户提供的各种服务越完备，产品的附加价值就越大，客户从中获得的实际利益就越大，也就越能够吸引客户。

海尔集团是世界第四大白色家电制造商、中国最具价值品牌之一。海尔推行的"全程管家365"服务为之立下了汗马功劳——在全年365天里，海尔"全程管家"星级服务人员全天24小时等待海尔客户的来电，无论一年中的哪一天，只要客户打电话到海尔当地的服务热线，"全程管家"服务人员就会随时按客户的需求上门服务。"全程管家"服务内容包括售前上门设计、售中咨询导购、售后安装调试、定期维护保养等，这些优质的服务使客户购买海尔产品的信心大大提升了。

IBM公司曾经发生过这样一件事情。一位客户住在小镇的一个小岛上，一天他的电脑发生故障，呼叫中心咨询后判断必须由服务人员现场解决，但当地没有服务网点，于是公司决定派工程师乘飞机到当地城市再坐出租车到小镇，然后租用快艇到小岛进行维修。碰巧当天下暴雨，工程师在深夜两点才赶到小岛，为了不打扰客户，工程师露宿于小岛，第二天上门并很快排除了故障。这件事情不久后就得到了积极的市场响应，那就是小镇上几乎所有准备购买电脑的人全都选择了或者表示将选择IBM——这就是优质服务的魅力。

一般来说，工业品用户在购买产品和服务时有三种担忧。一是担忧产品经常出故障。质量越是不可靠，出故障的概率就越高，工业品的故障给客户带来的损失要远远大于消费品客户。二是担忧由于产品故障带来的停工周期。很显然，停工周期越长，使用者的成本越高，尤其是设备昂贵、牵涉人员较多时更是如此。三是担忧产品保养和维修服务的高额费用。传统的销售服务模式是滞后的售后服务、有问题再进行服务。而南方一家钻探设备厂就为客户提供了全套的无风险服务：用户购买本厂的钻探设备后，厂方提供安装维修人员进行钻井全过程现场服务，提供备品、备件和消耗材料，最后，由购买方参照国外进口设备的钻井进尺、质量标准、生产成本、维护费用进行考核，达不到要求退货赔款。这种系列化、全过程的服务从各个方面解除了用户的后顾之忧，结果使许多用户打消了原本想购买外国产品的念头，最终订购了该厂的钻探设备。

5.1.7 承诺与保证

由于客户的购买总隐含着一定的风险，这在一定程度上会限制其购买欲望，而卖方提供的承诺可以起到一种保险作用。如果企业对其提供的产品或服务做出承诺与担保，就可以降低客户购买的心理压力，引起客户的好感和兴趣，从而促进客户放心地购买和消费。实际上，敢于承诺和保证就已经体现了企业的一种气魄、一种精神，有利于吸引客户。

例如，航空公司承诺航班准点，同时承诺当航班因不可抗拒因素而延误、延期、取消、提前时，保证赔偿乘客的损失，这样便可使乘客在一定程度上增强对航空服务可靠性的信心。

肯德基有两条服务标准，即"客户在任何一家肯德基快餐店付款后必须在两分钟内上餐"和"炸鸡在15分钟内没有售出，就不允许再出售"。

上海商业会计学校有"不合格毕业生可退回学校"的承诺。上海邮政局承诺"限时补报"，即在接到订户投诉电话的1个小时内，上门补送报纸。

杭州大众汽车公司承诺：当气温在30℃以上时，一律打开空调，如没有打开的，乘客可以要求退回所有车费，并且获得面值30元的乘车证一张，公司还将对违纪司机给予处罚。

美国强生公司所属的BBBK灭虫公司生产的杀虫剂的价格是其他同类产品的5倍，它之所以能够获得溢价，是因为它把销售中心放在一个对质量特别敏感的市场，即旅店和餐馆，并且向旅店和餐馆提供它们认为最有价值的东西：保证没有害虫而不只是控制害虫。BBBK灭虫公司承诺：在您那里的所有害虫被消灭之前，您不欠我们一分钱；如果您对我们的服务不满意，您将收到相当于12个月服务的退款，外加第二年您选择新的灭虫公司的费用；如果您的客人在您房间里看到一只害虫，我们将支付客人本次和下次的全部费用，并送上一封道歉信；如果您的酒店因为害虫的存在而停业，我们将赔偿全部罚金和利润损失，并再加5000美元。该公司为了提供如此高档的服务，在一年中花费了10多万美元的成本，但是赢来了3300万美元的服务销售——实际服务承诺的费用是营业额的0.36%。正是通过无条件的服务承诺与保证，BBBK灭虫公司不但可以收取超过同行600%的费用，而且吸引了许多大客户的追捧。

5.2 购买渠道要有吸引力

5.2.1 销售途径要方便客户

古语"一步差三市"，说的就是开店地址差一步就有可能差三成的买卖。还有人说，正确的选址在一定意义上是成功的一半。提供产品或服务的渠道是否方便客户，决定了客户获得的价值和付出的成本，是客户决定选择哪一家企业的产品或服务的重要参考指标。一旦客户购买或消费的地点的便利性不够理想，过于费力、费时，客户就会放弃购买或消费，或者转向竞争者。因此，商店、电影院、餐厅等，如果能够位于人口密集、人流量大、人均收入高、交通便利的地段，就能够吸引和方便客户的消费，其营业收入和利润也会比较高。

例如，传统的邮局都设在闹市区，基本不考虑规划停车场。伴随着人口向郊区转移以及郊区大型购物中心的兴起，邮局开始重新考虑提高其服务的可获得性——有更好的停车场所、地点离公交站很近、设在购物中心附近……以方便客户。

航空公司在航空市场欠发达的地区建立代销网络，如通过当地旅游部门、民航等代理销售机票，可以方便有需求的乘客，还可以在一定程度上使航空公司摆脱因资金和人力限制而对销售网络的发展产生的制约，同时降低机票的销售成本。在航空市场相对发达的地区，航空公司可以建立直销网络，如在这些地区的主要城市的机场、繁华地段、高级宾馆、银行等开办机票直销处，吸引和方便乘客购买机票，同时增强航空公司自主营销的能力，减少销售代理费的长期支付，降低机票的销售成本，从而增加收益。

企业为客户提供产品或服务的地理位置不仅影响客户接受服务的便利程度，还体现出企业的市场定位和形象，因而设店选址对企业来说尤为重要。此外，企业为了更好地为客户服务，对所在地和周边的客户，可采取巡回服务的方式，而对距离较远的外地客户，可以采用设立分公司的形式——一则就近做好客户服务，二则继续开发该地区和周边的新客户。

5.2.2 通过技术手段提高可获得性和便利性

随着信息技术和自动化技术的不断普及，网络、电话、自动加油泵、自动洗车机器、自动取款机、自动售货机等技术的运用越来越广泛，大大提高了购买或消费的可获得性和便利性。

例如，人寿保险公司（以下简称"寿险"）面对新的市场情况和技术情况，为了吸引和方便客户购买寿险，开通了寿险超市、网上寿险、银行寿险、邮政寿险等来吸引和方便人们购买寿险。

银行开通了网上银行、电话银行等吸引和方便人们对银行服务的消费。如今除了现金存取业务以外，诸如转账、余额和明细查询、缴费、基金的申购赎回、个人外汇买卖、个人黄金投资等业务都可以通过网上银行或手机银行来办理，功能十分强大。

又如，中国电信提出"大客户营销渠道、社区经理制渠道、农村统包责任制渠道、10000 号客服中心渠道"四大主渠道的渠道模式。其中，"大客户营销渠道、社区经理制渠道、10000 号客服中心渠道"是中国电信服务的直接渠道，而"农村统包责任制渠道"是中国电信以代理、承包的模式开展的间接渠道。

再如，航空公司可以开通网上机票销售业务。互联网是最经济的分销渠道，它不需要进行直销点建设，乘客可以通过信用卡来支付票款，航空公司通过邮递系统、传真或专门派员等手段将机票送给乘客。例如，美国轻松航（Easy Jet）90% 的座位是通过互联网销售的——无论何时何地，只要乘客拥有一台可上网的电脑，其就能够轻松订购轻松航的机票。此外，航空公司还可以广泛地在机场、银行、高级宾馆等地方使用自动售票机，也可以通过问询电话和常旅客计划进行电话直销，这些都是吸引乘客购买机票的有效渠道。

5.3 价格要有吸引力

价格是指企业出售产品或服务所追求的经济回报。价格对客户而言不是利益的载体，而是代表一种牺牲。因此，价格既可能表达企业对客户的关心，也可能给客户以利欲熏心的感觉，企业要想开发客户，就应制定有吸引力的价格策略。

客户在购买产品或服务时一般都有一个预期价格，当市场价格高于预期价格时，就会有更多的客户放弃购买该产品或减少购买量。当市场价格低于预期价格时，客户又可能产生怀疑，认为"便宜没好货"，特别是当客户不能客观地鉴别产品质量，而这种产品又涉及他们的形象和威望时，客户就会把价格当作一个质量标准，认定只有贵的产品才是好的产品。可见，定价太高、太低都不行，企业应当根据产品或服务的特点，以及市场状况和竞争状况，为自己的产品或服务确定一个对客户而言有吸引力的价格。

例如，德国奥斯登零售公司，它经销的任何产品都很畅销，资金周转非常快，平均只有17～20天，其诀窍就是采取灵活的定价策略。例如，它推出一套内衣外穿的时装，一反过去内外有别的风格，产生了强烈的吸引力，客户也感到很新鲜，于是奥斯登公司采取高价策略，即定价是普通内衣价格的4～6倍，但照样销售很好。后来，当其他企业也相继推出这种内衣外穿的时装时，奥斯登公司改变策略，在继续推出两万套这种时装时，将价格下降到普通内衣的价格，许多商客闻风而来，两天便抢购一空。又过了一段时间，奥斯登公司又以成本价——不到普通内衣价格的60%销售，这下，经济拮据的客户也纷纷购买。

一般来说，企业通过价格吸引客户的策略有如下几种。

5.3.1 低价策略

低价策略，即企业用较低的价格来吸引客户的购买，如宾馆把客房的价格定得低一些，就可以吸引更多的住客。或者将原定的价格打个折扣，如原来每购买1箱啤酒30元，现在打八折按每箱24元卖，以鼓励客户购买。

例如，汇丰银行澳大利亚子银行作为外资银行在刚进入澳大利亚市场时为争取市场份额，推出了比本地银行优惠的存款、贷款利率来吸引客户，而近年来随着市场对汇丰银行的认可和该行市场份额的扩大，其利率水平已与本地银行接近。

5.3.2 高价策略

有些客户往往以价格高低来判断产品的质量，认为高价格代表高质量，尤其是当这种产品会影响他们的形象、健康和威望时更为明显，企业利用客户的这种心理把产品或服务的价格定成高价的策略，即为高价策略。

例如，1945年美国雷诺公司最先制造出圆珠笔，并且将其作为圣诞礼物投放到市场上成了畅销品。虽然当时每支圆珠笔的成本只需50美分，但是公司以每支10美元的价格卖给零售商，零售商再以每支20美元的价格卖出。尽管价格如此之高，仍然受到追时尚、赶潮流的客户的追捧。

总之，高价策略适合对有声望需求的产品或服务的定价，如高档汽车、别墅、西服、香水、高级酒店、著名的医院、名牌学校的服务费用等。

5.3.3 心理定价

心理定价，即依据消费者对价格数字的敏感程度和不同联想而采取的定价技巧，常见的有以下三种形式。

（1）吉利数字定价：6、8、9，如饭店推出的宴席"一路顺风"666元/桌，"恭喜发财"888元/桌。例如，某商业银行将推出一款理财产品，投资期限为365天，预期年化收益率为5.8%，投资门槛为11.88万元。"365"的意思是"天天"，"5.8"谐音"我发"，"11.88"谐音"要要发发"，连起来就是"天天我发，要要发发"。

（2）整数定价：以整数进行定价，给客户以产品或服务的质量没有零头的感觉，可吸引对质量敏感但对价格不敏感的客户。

（3）零头定价：利用有些人的求廉心理，在价格上不进位，保留零头，给人以便宜的感觉，或是让客户感觉到该价格是经过认真的成本核算后才确定的，给人以作风严谨、没有水分的感觉，从而吸引客户的购买。

5.3.4　差别定价

1. 客户差别定价

客户差别定价是指针对不同的客户制定不同的价格，以吸引特定类型的客户群。

例如，航空公司每年寒暑假向教师和学生提供优惠票价。宾馆为吸引回头客，对一部分忠实的老客户提供较优惠的价格。银行房贷对不同客户实行差异化定价，根据客户的首付比例、信用记录、购买类别（首次贷款购买普通自住房，或改善型普通自住房按揭购房）等情况对不同客户实行差异化定价。

2. 消费时间差别定价

消费时间差别定价是指按照不同的时间，如不同的季节、不同的时期、不同的日期、不同的时刻来制定不同的价格，从而达到吸引客户、刺激消费的目的。

例如，在旅游淡季，将旅游景点的门票改为低价，或使用折扣价、优惠价等，可以吸引游客。又如，电信公司在节假日和晚上9点后都推出各种优惠价格，进行让利销售，可以吸引客户对"长途电话"业务的购买。

再如，北京音乐厅推出"开场打折"的措施，即无论什么音乐会，无论日场或夜场，只要一到开场时间，售票大厅的电脑便会以半价自动售票。这项措施吸引了大量对价格敏感的客户（只要少看那么一小会儿，就可以打很低的折扣——合算），音乐厅的上座率大幅度增加。这种限时售票打折的做法，在国外也是常有的事，一般当天购票可享受七八折，演出前一小时购票可享受五折，演出开始后购票享受的折扣更低。

3. 消费量差别定价

消费量差别定价是指按照消费量的不同来制定不同的价格，从而达到刺激批量消费的目的。

例如，足球赛的套票平均每场的价格低于单场票，城市公园和博物馆推出的通用年票平均每场的价格也远低于单场票，从而吸引了频繁光顾的客户的购买。

5.3.5 招徕定价

招徕定价是利用部分客户求廉的心理，将某种产品的价格定得较低以吸引客户，而客户在采购了廉价品后，往往还会选购其他正常价格的产品，从而促进企业的销售。

例如，超市为了增加客流量，吸引更多的客户光顾，把一些广大客户熟悉的产品的价格定得很低。超市并没有打算从这些产品上赚钱，只是希望客户被这些产品吸引过来，并且购买其他可为超市带来较多利润的产品。

汽车修理厂对一般性修理服务的收费较低，为的是可以吸引客户光顾，从而招徕高价的特殊性修理服务。旅游公司打出旗号，称能够提供价格非常优惠的线路，然而被吸引来的客户却发现，由于出游时间或其他原因，实际上享受不到这些线路的优惠，这时候客户就可能被说服接受价格更高的其他线路。

又如，饭店通过价格相对较低的食品来吸引客户前来用餐，而在酒水上获利。当然，也有饭店会将酒水的价格压低来吸引爱喝酒的客户，而将食品的价格提高，从中获利。

在宾馆行业，客房的利润是最高的，客房消费的增加，成本增加很少，而相对来说，餐饮服务费用很高，利润低。如果干脆牺牲餐饮的利润，以餐饮作为促销工具，实行低价或打折来吸引住客，那么宾馆可以从提高的住房率上来增加利润。

5.3.6 组合定价

组合定价，即先为某个产品的销售定低价，以此吸引客户购买，然后通过客户以相对高价或者正常价购买同系列的其他"互补"产品来获利。

例如，照相机必须与胶卷配套使用，机械剃须刀要有刀片才能使用。在这种情况下，可以使互补性产品的主体产品（照相机、剃须刀）以极低的价格进行销售，甚至可以不赚钱，以吸引客户购买，然后期待从其互补的产品（胶卷、刀片）的销售中获利。

又如，美容院对初次惠顾的客户收取很低的体验价格，而以后的护理费用则较高。

再如，餐厅为了增加客户惠顾而提供价廉物美的"特价菜"，但大多数客人一进入餐厅，最后还是会点其他高价的菜品。

电信公司让电话用户每月支付一笔固定的使用费（月租费），然后再根据日常使用量收费。一般来说，固定使用费较低可以吸引人们积极购买服务（安装电话），而利润可以从日常使用费中获取。

组合定价与招徕定价有许多相通之处，但与招徕定价不同的是，产品组合定价是用在同一个系列的产品上。

5.3.7 关联定价

关联定价是指企业对其关联企业的客户的消费实行优惠价，当然，这种优惠是互惠互利的。

例如，上海新世界商厦与邻近的金门大酒店签订了联合促销协议，凡在金门大酒店住宿、用餐的游客可享受新世界商厦的购物优惠；在新世界商厦购物满800元以上，可在金门大酒店享受8折以下的住宿、用餐折扣。商厦与酒店通过这种互惠互利，吸引和促进了客户在商厦更多的相关消费。

又如，书店和快餐店联手，规定在书店一次性购买 50 元图书就可获得 10 元的餐饮券，而在快餐店一次消费满 50 元，在书店购买所有图书时就可以享受 95% 的优惠。书店和快餐店相互借力、聚敛人气，乃"双赢"之举。

5.3.8 结果定价

对客户来说，产品或服务的价值取决于使用或消费的效果，因此，企业可以根据产品或服务的使用效果或者服务效果进行定价，即保证客户得到某种效用后再付款，这有利于吸引客户放心地购买或消费。

比如，职业介绍所推出"等当事人获得了适当的工作职位后再收取费用"，这样就可以吸引求职者放心、大胆地接受职业介绍所的服务。

又如，广告公司推出了此类收费标准：广告播出后，产品销售额增长不低于 10%，全价收费；广告播出后，产品销售额增长在 5% 与 10% 之间，半价收费；广告播出后，产品销售额增长低于 5%，不收费……这样就可以吸引客户放心地做广告。

结果定价方法可以降低客户的风险，对客户有吸引力，尤其是当高质量的产品或服务无法在削价竞争的环境中获取应有的竞争力，以及企业提供的产品或服务的效果是明确的、有把握的时候，特别适合使用这种方法。

5.4 促销要有吸引力

5.4.1 广告

广告就是广而告之，是大众传播的一种形式，它可以大范围地进行信息传播和造势，起到提高产品或服务的知名度，吸引客户和激发客户购买欲望的作用。例如，耐克请著名的职业篮球明星乔丹在亚洲做广告，吸引了无数崇拜乔丹的亚洲球迷购买耐克运动鞋。

此外，广告运用象征、主题、造型等方式，也适用于品牌形象的推广及创造品牌的特色和价值，从而吸引客户采取购买行动。例如，美国著名的旅游者保险公司在促销时，用一个伞式符号作为象征，促销口号是"你们在旅游者的安全伞下"。又如，香港国泰航空公司的广告以一棵大树自比，恰当地树立了自己的形象，显示了自己的安全性。再如，蒙牛的标识以绿色为底，白色为图，给人一种清新明快的感觉——绿色，容易让人联想到大草原；白色，容易让人联想到新鲜的牛奶。这样就会吸引人们尝试购买蒙牛乳品的冲动。

广告如果能突出给客户带来利益，也能够吸引客户购买。切割营销理论创始人路长全先生讲过这样一个故事：沃尔沃卡车刚进入中国市场的时候，连续几年都卖得很不好，这对于这个称雄全球市场的汽车品牌来说无疑十分尴尬。后来本土的营销专家提示他们，沃尔沃卡车太贵，让中国的个体运输户望而生畏！这下，他们如梦初醒，立即将广告语改为"沃尔沃卡车提供了一流的挣钱方案"，还将沃尔沃卡车和其他品牌的低价格卡车进行对比，并且帮目标客户算账：买一款低价格的卡车，初期投入是多少，一年的维护费用、使用费用是多少，每天能拉多少货，跑多少里程，能挣多少钱，几年之后这辆车一共能带来多少收益，投入产出比是多少；同样，如果多花一些钱买了沃尔沃卡车，尽管初期投入大一些，但它载货量大，维护费用少，几年下来一共能带来多少收益，投入产出比是多少。通过这样的对比，客户该如何选择就显而易见了。这个案例同样告诉我们，要善于挖掘产品的功能、效用，并且通过恰当的措施引起目标客户或者潜在客户的注意，这样就能够顺利地吸引客户。

美国西南航空公司是美国盈利最多、定价最低的航空公司，它往往以低于竞争对手的价格扩大市场。因此，竞争对手通过在广告上刻画"登上西南航空公司飞机的乘客需掩上面颊"的形象，来嘲笑西南航空公司的定价有损乘客的形象。作为回应，西南航空公司的总裁亲自出现在广告中,他手举一只大口袋,大声地说:"如果您认为乘坐西南航空公司的飞机让您尴尬,我给您这个口袋蒙住头;如果您并不觉得尴尬,就用这个口袋装您省下来的钱。"画面上随之出现大量的钞票纷纷落入口袋,直至装满……由于这则广告让客户明明白白地看到了西南航空公司提供的利益所在和服务优势——省钱!因此,广告播出后,吸引了许多对价格敏感的乘客。

广告的优点是迅速及时,能够准确无误地刊登或安排播放的时间,并可全面控制信息内容。此外,由于客户可能比较欠缺消费常识,企业可以通过广告开展适当的客户教育。

例如,宝洁的电视广告最常用的两个典型公式是"专家法"与"比较法"。"专家法":首先,宝洁会指出你面临的一个问题来吸引你的注意;接着,便有一个权威的专家来告诉你,有一个解决方案,就是用宝洁的产品;最后,你听从专家的建议,问题得到了解决。"比较法":宝洁将自己的产品与竞争对手的产品相比,通过电视画面的"效果图",你能很清楚地看出宝洁产品的优越性。

企业通过开展客户教育,可以帮助客户认识产品或服务,可以加快客户的接受过程,同时使之转化为需求冲动,并且形成合理预期。当然,企业在进行客户教育的时候,必须把握一个最基本的原则,那就是教育的内容必须实事求是、合情、合理、合法。

5.4.2 公共关系

公共关系是指企业采用各种交际技巧、公关宣传、公关赞助等形式来加强与社会公众沟通的一种活动,其目的是树立或维护企业的良好形象,建立或改善企业与社会公众的关系,并且控制和纠正对企业不利的舆论,引导各种舆论朝着有利于企业的方向发展。

与广告相比,公共关系更客观、更可信,对客户的影响更深远,其类型包括服务性公关、公益性公关、宣传性公关等。

1. 服务性公关实例

如果你在日本的书店买书时遇上脱销，店员会告诉你新版的出版日期，并赠送各类出版消息与新书分类目录。如果你需要书中的内容，书店还可以代为复印。

在美国最大的百货公司纽约梅瑞公司的店堂里，有一个小小的咨询服务亭。如果你在梅瑞公司没有买到自己想要的产品，那么你可以去服务亭询问，它会指引你去另一家有这种产品的商店，即把你介绍到它的竞争对手那里。这种一反常态的做法收到了意想不到的效果——既获得了广大客户的好感，招徕了更多的客户，又向竞争对手表示了友好和亲善，从而改善了竞争环境。

法国化妆业巨子伊夫·黎雪（Yves Rocher），每年要向客户投寄 8000 万封信，信写得十分中肯，无一点招揽客户之嫌，而且他还编写了《美容大全》，提醒大家有节制的生活比化妆更重要。伊夫作为一个经营化妆品的商人能够这样做实在难能可贵，因此他获得了广大的客户，尤其是女性客户的信赖，其事业自然蒸蒸日上。

在宝岛眼镜店，人们总是可以免费用超声波清洗眼镜，并且得到很多关于清洗和使用眼镜的小知识，这大大增加了宝岛眼镜在消费者心目中的好感，很多消费者也因此成为宝岛眼镜的客户。本着"把视力健康带给每一双眼睛"的目的，宝岛眼镜走进高校，宣传眼科知识，普及用眼常识，并进行视力免费大普查，从而吸引了众多大学生客户。

2. 公益性公关实例

如今，宝洁公司援建的希望小学总数将近 150 所，创下了在华跨国公司援建希望小学最多的纪录。在长期支持希望工程的实践过程中，宝洁公司本着务实、创新的精神开创性地提出了"从我做起，携手商业伙伴，感召客户，帮助中国需要帮助的儿童生活、学习、成长"的公益模式，获得了社会的广泛认可。

3. 宣传性公关实例

1984 年，美国总统里根访华临别前要举行答谢宴会，按惯例，这样规格的国宴总是在人民大会堂国宴厅举行。长城饭店得知后，主动出击，成功承办了这一盛大的国宴。随同里根访华的 500 多名外国记者到长城饭店现场采访，宴会还在进行中，一条条消息就通过电传打字机源源不断地传送到世界各地："今日 × 时 × 分，美国总统里根在北京长城饭店举行盛大的访华答谢宴会……"电视的实况转播，更使上亿观众将长城饭店的里里外外看个清清楚楚，从此长城饭店名扬天下。

法国白兰地公司在美国市场上没有贸然采用常规手段进行销售，而是借时任美国总统艾森豪威尔 67 岁寿辰之际，把窖藏达 67 年之久的白兰地作为贺礼，派专机送往美国，同时宣布将在总统寿辰之日举行隆重的赠送仪式。这个消息通过新闻媒介传播到美国后，一时间成了美国的热门话题。到了艾森豪威尔总统寿辰之日，为了观看赠酒仪式，不少人从各地赶来。就这样，新闻报道、新闻照片、专题特写，使法国圣酒在欢声笑语中名正言顺地走上了美国的国宴和家庭餐桌。

我国香港某商店为了推出一种最新的"强力万能胶水"，老板别出心裁，用这种胶水把一枚价值数千元的金币贴在墙上，并宣布谁能用手把它掰下来，这枚金币就归其所有。一时间，该商店门庭若市，观者如潮，只可惜谁也无法把金币掰下。这下这种"强力万能胶水"出名了，吸引了众多客户前来购买。

日本"西铁城"手表在澳大利亚推出时采用了飞机空投的形式，并且事先预告："谁捡到归谁。"手表从天而降却完好无损，有力地证明了手表过硬的质量，澳大利亚人自然对"西铁城"手表产生了好感，也就产生了购买欲望。

5.4.3 销售促进

销售促进是企业利用短期诱因，刺激客户购买的促销活动，其主要手段如下。

1. 免费试用

为打消用户对产品质量的顾虑或对产品所能带来收益的怀疑，企业可以采取免费试用的方式，促使用户下定决心购买。免费试用是吸引潜在客户或者目标客户迅速认同，并且购买该企业的产品或服务的有效方式。在买方市场条件下，"上帝"变得精明、挑剔，免费试用是"欲擒故纵，先予后取"。

例如，许多报纸杂志采取一定时间内请客户免费试阅，由此吸引了一些读者，而读者一旦满意便会订阅。

又如，中法合资上海达能酸乳酪有限公司为吸引长期客户，向上海市民赠送了10万瓶达能酸奶，许多市民品尝后感觉不错便决定长期购买。

中国改革开放之初，美国的IBM公司曾经免费赠送给中国工业科技管理大连培训中心20台IBM计算机。该中心的学员都是来自全国各地的大中型企业的厂长和经理，他们在培训中心使用IBM计算机后，印象很好，很多人回到企业后就做出了购买IBM计算机的决定。IBM公司正是通过这种方式打开了中国市场。

2. 免费服务

电器商店为购买者提供免费送货上门、免费安装、免费调试等服务；皮革行除免费为客户保修外，还免费为客户在夏季收藏皮夹克……这类做法吸引了对服务要求甚高的客户前来购买。

香港的酒楼把握住了每年有5万对新人办喜事的趋势，从而竞相推出优质服务：有的降价供应啤酒，有的免费代送宾客，有的免费提供新婚礼服、化妆品、花车及结婚蛋糕……谁的服务招数高，谁的生意就兴隆！

3. 奖金或礼品

奖金或礼品这种销售促进手段是指与购买一件产品相关联的奖金或礼

品馈赠活动。

例如，购买一辆汽车可获赠一辆自行车，酒厂承诺凭若干个酒瓶盖可换得若干奖金或者一瓶酒等活动。

又如，航空公司推出"里程奖励"活动，对乘坐该航空公司班机的乘客进行里程累计，当累积到一定公里数时，就奖励若干里程的免费机票。

再如，某品牌口香糖刚问世时，销路不畅，后来厂家规定回收一定数量的口香糖纸可以换得一个小礼品，从而打开了市场。

4. 优惠券

优惠券是指企业给予持有人购买产品时可享受一定减价优惠的凭证。由于能够得到减价优惠，所以对于对价格敏感的客户有很强的吸引力。优惠券可在报纸或杂志上刊印，还可以在产品或邮寄广告中附送。

在美国，人们周五下班后纷纷走进商店采购，准备过周末，而在前一天，许多商店已经在报纸上刊登了减价广告和赠券，客户如被赠券所对应的产品吸引，就会将赠券剪下来，然后持券购买该产品，便可获得相应的优惠。

| 第 6 章 |

怎样让客户满意

客户满意是一种心理活动,是客户的主观感受,是客户预期被满足后的状态:当客户的感知没有达到预期时,客户就会不满、失望;当感知与预期一致时,客户就会感到满意;当感知超出预期时,客户感到"物超所值",就会很满意。

6.1 要把客户满意当回事

1. 客户满意是企业取得长期成功的必要条件

美国客户事务办公室提供的调查数据表明:平均每个客户会把他满意的购买经历告诉至少 12 个人,在这 12 个人里面,在没有其他因素干扰的情况下,有超过 10 个人表示一定会光临;平均每个客户会把他不满意的购买经历告诉 20 个人以上,而且这些人都表示不愿接受这种恶劣的服务。据美国汽车业的调查,一个满意的客户会引发 8 笔潜在的生意,其中至少有一笔能够成交,而一个不满意的客户会影响 25 个人的购买意愿。另外,客户满意还可以节省企业维系老客户的费用,同时,满意客户的口头宣传还有助于降低企业开发新客户的成本,并且树立企业的良好形象。因此,可以说,客户满意是企业持续发展的基础,是企业取得长期成功的必要条件。

2. 客户满意是企业战胜竞争对手的最好手段

客户及其需要是企业建立和发展的基础，满足客户的需要，是企业成功的关键。随着市场竞争的加剧，客户有了更加充裕的选择空间，竞争的关键是企业更能够让客户满意。如果企业不能满足客户的需要，而竞争对手能够使他们满足，那么客户很可能就会"叛离"，投入能让他们满意的企业中去。可见，只有能够让客户满意的企业才会在激烈的竞争中获得长期的、起决定性作用的优势。谁能更好地、更有效地满足客户需要，让客户满意，谁就能够获得竞争优势，从而战胜竞争对手，赢得市场。正如著名企业家福特所说："最有效、最能满足客户需求的企业，才是最后的生存者。"

3. 客户满意是客户忠诚的基础

客户满意会促使其重复购买。一般来说，客户满意度越高，忠诚度就会越高；客户满意度越低，忠诚度就会越低。所以，客户满意是形成客户忠诚的基础，是保持老客户的最好方法。卡多佐（Cardozo）首次将客户满意的观点引入营销领域时，就提出客户满意会带动再购买行为。菲利普·科特勒也认为，留住客户的关键是客户满意。

总之，客户满意是维护客户关系最重要的因素，在完全竞争的市场环境下，没有哪家企业可以在客户不满的状态下得到发展。所以，企业要想维护好客户关系，就必须努力让客户满意。

6.2 怎样知道客户满意度的高低

客户满意度是指客户满意程度的高低。客户满意度一般可以通过下面六个指标来反映。

1. 美誉度

美誉度是指客户对企业或品牌的褒扬程度。借助美誉度，可以知道客户对企业或品牌所提供的产品或服务的满意状况。一般来说，持褒扬态度、愿意向他人推荐企业及其产品或服务的客户，肯定对企业提供的产品或服务是满意或者非常满意的。

2. 知名度

知名度是指客户指名消费或者购买某企业或某品牌的产品或服务的程度。如果客户在消费或者购买过程中放弃其他选择，指名购买某品牌或非某品牌不买，就表明客户对这种品牌的产品或服务是非常满意的。

3. 回头率

回头率是指客户在消费了某企业或某品牌的产品或服务之后，愿意再次消费的次数。客户是否继续购买某企业或某品牌的产品或服务，是衡量客户满意度的主要指标。如果客户不再购买该企业或该品牌的产品或服务，转而购买其他品牌的产品或服务，无疑表明客户对该企业或该品牌的产品或服务很可能是不满意的。调查表明，如果一个网站不能吸引人，那么75%的客户不会访问第二次。在一定时期内，客户对产品或服务的重复购买次数越多，说明客户的满意度越高，反之则越低。

4. 投诉率

投诉率是指客户在购买或者消费了某企业或某品牌的产品或服务之后产生投诉的比例。客户投诉率越高，表明客户越不满意。但是，这里的投诉率不仅指客户直接表现出来的显性投诉，还包括存在于客户心底未予倾诉的隐性投诉。研究表明，客户每四次购买会有一次不满意，而只有5%不满意的客户会投诉，另外95%不投诉的客户会默默地转向其他企业。所以，不能单纯地以显性投诉来衡量客户的满意度，企业要全面了解投诉率，还必须主动、直接征询客户，这样才能发现可能存在的隐性投诉。客户对某企业或某品牌的产品或服务的事故承受能力，也可以反映客户对某企业或某品牌的满意度。当产品或服务出现事故时，客户如果能表现出容忍的态度（既不投诉，也不流失），那么表明这个客户对该企业或该品牌肯定特别满意。

5. 购买额

购买额是指客户购买某企业或某品牌的产品或服务花费的金额多少。一般而言，客户对某企业或某品牌的购买额越大，表明客户对该企业或该品牌的满意度越高，反之，表明客户的满意度越低。

6. 对价格的敏感度

客户对某企业或某品牌的产品或服务的价格敏感度或承受能力，也可以反映客户对某企业或某品牌的满意度。当某企业或某品牌的产品或服务的价格上调时，客户如果表现出很强的承受能力，那么表明客户对该企业或该品牌肯定非常满意；相反，如果出现客户的流失与"叛离"，那么说明客户对该企业或该品牌的满意度不够高。

总之，客户满意是一种暂时的、不稳定的心理状态，为此，企业应该经常性地测试，如可经常性地在现有的客户中随机抽取样本，向其发送问卷或打电话，向客户询问对企业的产品或服务是否满意。如果满意，达到了什么程度；哪些方面满意，哪些方面不满意；对改进产品或服务有什么建议等。如果客户的满意度普遍较高，那说明企业与客户的关系是处于良性发展状态的，企业为客户提供的产品或服务是受欢迎的，企业就应再接再厉，发扬光大；反之，企业需多下功夫改进产品或服务。

6.3 哪些因素影响客户满意

现实中很多人认为，让客户满意就是要尽可能地为客户提供最好的产品和最好的服务，这个出发点没有问题，也容易被大家接受，但它忽略了其中一个隐含的问题，那就是要不要考虑成本问题，要不要考虑效益问题？

回答是肯定的，企业必须讲成本、讲效益！不能不顾一切地付出代价，否则可能得不偿失、入不敷出。如果企业能够用较小的代价实现客户满意，何乐而不为呢？！那怎么能够事半功倍，花最小的代价获得客户满意呢？这就要知道影响客户满意的因素是什么。

从菲利普·科特勒的定义"满意是指个人通过对产品或服务的可感知的效果与他的预期值相比较后所形成的愉悦或失望的感觉状态"，我们不难看出影响客户满意的因素就是客户预期与客户感知价值。

6.3.1 客户预期

客户预期是指客户在购买、消费之前对产品价值、服务价值、人员价值、形象价值、货币成本、时间成本、精神成本、体力成本等的主观认识或期待。

1. 客户预期对客户满意的影响

为什么会出现不同的人接受同一产品或服务，有的人感到满意，而有的人感到不满意呢？因为他们的预期不同。

为什么会出现同一人接受不同的产品或服务，好的不能让他满意，而不够好的却能使他满意呢？因为好的产品或服务比他预期的要差，而不够好的产品或服务却比他预期的要好。

例如，客户对自己等待时间满意与否，取决于客户对等待时间的预期值和实际等待时间的对比。比如，客户预期等待10分钟，实际上却等待了半个小时，这很可能引起客户的极度不满意。同样等了10分钟，预期6分钟等待时间的客户比预期30分钟等待时间的客户更不满意。

又如，假设A、B、C三个客户同时进入一家餐厅消费，这三个客户对餐厅的预期分别是a、b、c，并且a>b>c，假设餐厅为他们提供的服务都是 b。那么，消费后，A 对餐厅感到不满意，因为 A 在消费前对餐厅抱有很大的预期，其预期值为 a，但是他实际感受到的餐厅服务只是 b，而 a>b，也就是说，餐厅提供的产品和服务没有达到 A 客户的预期值，使 A 客户产生失落感，所以 A 客户对餐厅是不满意的。B 客户在消费前的预期值为 b，而他实际感受到的餐厅服务刚好达到了他的预期值 b，所以 B 客户对餐厅是满意的。C 客户在消费前的预期值为 c，而在消费过程中，餐厅服务达到了 b，而 b>c，也就是说，餐厅提供的产品和服务不但达到而且超过了 C 客户的预期值，从而使 C 客户产生"物超所值"的感觉，所以 C 客户会对餐厅非常满意。

这个例子说明了客户预期对客户满意是有重要影响的，也就是说，如果企业提供的产品或服务达到或超过客户预期，那么客户就会满意或很满意。如果达不到客户预期，客户就会不满意。

2. 影响客户预期的因素

客户预期不是一成不变的，而是动态的，客户预期会随着客户自身因素和外在因素的变化而不断地进行调整。一般来说，影响客户预期的因素有以下几个方面。

（1）客户的价值观、需求、习惯、偏好。不同的客户由于身世、身份及消费能力等的差异会产生不同的价值观、需求、习惯、偏好——是与世无争，还是斤斤计较；是 CEO、白领，还是学生……不同的客户面对同样的产品或服务会产生不同的预期。

（2）客户以往的消费经历、消费经验、消费阅历。客户在购买某种产品或服务之前往往会结合以往的消费经历、消费经验，对即将购买的产品或服务产生一个心理预期值。例如，客户过去吃一份快餐要花 10 元，那么他下次再吃快餐时可以接受的价格，即对快餐的价格预期值也是 10 元；如果过去吃一份快餐只要 5 元，那么他下次再去吃快餐时可以接受的价格（快餐的价格预期值）就是 5 元。又如，消费者以往打热线电话在 10 秒钟之内就能够接通，这一次超过20秒仍无人接听就会难以接受；反之，以往热线电话很难打进，现在1分钟内被受理感觉就比较好。而没有消费经历和消费经验的客户如果有消费阅历（目睹别人消费），那也会影响他的预期——如果看上去感觉不错，就会形成较高的预期；如果看上去感觉不好，则会形成较低的预期。一般来说，新客户与老客户对同一产品或服务的预期往往不同，新客户由于没有消费经验而往往预期过高或过低，老客户由于有丰富的消费经验，其预期比较中性。

（3）他人的介绍。人们的消费决定总是很容易受到他人尤其是亲戚朋友的影响，他们的介绍对客户预期的影响较大。如果客户身边的人极力赞扬，说企业的好话，那么就容易让客户对该企业的产品或服务产生较高的预期。相反，如果客户身边的人对企业进行负面宣传，则会使客户对该企业的产品或服务产生较低的预期。例如，某人的朋友告诉他，某宾馆的服务好极了，该客户对该宾馆的预期值自然就会很高；反之，如果朋友告诉他，某宾馆的服务糟糕透了，该客户对该宾馆的预期值就会很低。

（4）企业的宣传与承诺。企业的宣传与承诺主要包括广告、产品外包装上的说明、员工的介绍和讲解等，客户会据此对企业的产品或服务在心中产生一个预期值。例如，药品的广告宣称服用三天见效，那么药品的服用者也就预期三天见效；如果广告宣称服用三周见效，那么药品的服用者也就预期三周见效。如果企业肆意地夸大宣传自己的产品或服务，就会让客户产生过高的预期值，而客观的宣传会使客户的预期比较理性。例如，如果企业预先提醒客户可能需要等待，就会使客户有一个心理准备，产生一个合理的预期。一些研究表明，那些预先获得通知需要等待的客户会比那些没有获得通知的客户满意。

（5）价格、包装、环境等有形展示。客户还会凭借价格、包装、环境等看得见的有形展示线索来形成对产品或服务的预期。例如，如果餐厅环境污浊、服务人员穿着邋遢，显然会令客户将其定位为低档消费场所，认为其根本不可能提供好的服务。相反，较高的价格、精美豪华的包装、舒适高雅的环境等可使客户产生较高的预期。

> **知识扩展：锚定效应**
>
> 所谓锚定效应，是指人们对事物的判断容易依赖最初的参考点，而且无法充分调整。虽然我们都知道对事物的判断依赖于第一印象并不科学和准确，但我们还是无法摆脱第一印象的影响。
>
> 例如，当你喜欢的某品牌牛仔裤原本 50 美元一条，现在 35 美元的折扣价一定会让你很动心，最初的 50 美元就起到了"锚"的作用，影响了人们的预期。因此，在对产品进行促销时，把原价写在折扣价旁边会使消费者更容易接受折扣价。
>
> 例如，为了推销 90 平方米、售价 170 万元的房子，推销人员先带顾客看一套 100 平方米、售价 200 万元的房子，使顾客有一个心理定式——每平方米 2 万元。这就影响了顾客对房价的预期，这样，当顾客看到每平方米低于 2 万元的房子时，就比较容易满意。

6.3.2 客户感知价值

客户感知价值是客户在购买或者消费过程中，企业提供的产品或服务给客户的感觉价值。客户感知价值实际上就是客户的让渡价值，它等于客户购买产品或服务所获得的总价值与客户为购买该产品或服务所付出的总成本之间的差额。

1. 客户感知价值对客户满意的影响

假设 A、B、C 三家企业同时向一个客户供货，假设客户对 A、B、C 这三家企业的预期值都是 b，A、B、C 三家企业给客户的感知价值分别是 a、b、c，并且 a>b>c。

购买后，客户对 C 企业感觉不满意，因为客户对 C 企业的预期值是 b，但是 C 企业给他的实际感知价值是 c，而 b>c，也就是说，C 企业提供的产品或服务没有达到客户的预期值，因此使客户产生不满。

客户在购买前对 B 企业的预期值为 b，而客户实际感受到的 B 企业的产品或服务的感知价值刚好是 b，也就是说，B 企业提供的产品或服务刚好达到了客户的预期，所以客户对 B 企业是满意的。

客户在购买前对 A 企业的预期值为 b，而客户实际感受到的 A 企业的产品或服务的感知价值是 a，而 a>b，也就是说，A 企业给客户提供的感知价值不但达到而且超过了客户的预期值，从而使客户对 A 企业非常满意。

这个例子说明了客户感知价值对客户满意的重要影响，即如果企业提供的产品或服务的感知价值达到或超过客户预期，客户就会满意或者非常满意。如果感知价值达不到客户预期，客户就会不满意。

2. 影响客户感知价值的因素

影响客户感知价值的因素包括客户总价值和客户总成本两大方面，即一方面是客户从消费产品或服务中所获得的总价值，包括产品价值、服务价值、人员价值、形象价值等；另一方面是客户在消费产品或服务中耗费的总成本，包括货币成本、时间成本、精神成本、体力成本等。

也就是说，客户感知价值主要受产品价值、服务价值、人员价值、形象价值、货币成本、时间成本、精神成本、体力成本这八个因素的影响。

进一步说，客户感知价值与产品价值、服务价值、人员价值、形象价值成正比，与货币成本、时间成本、精神成本、体力成本成反比。

（1）产品价值。产品价值是由产品的功能、特性、品质、品种、品牌与式样等产生的价值，它是客户需要的中心内容，也是客户选购产品的首要因素。在一般情况下，产品价值是决定客户感知价值大小的关键因素和主要因素。产品价值高，客户的感知价值就高；产品价值低，客户的感知价值就低。

假如产品的质量不稳定，即使企业与客户建立了某种关系，这种关系也是脆弱的，很难维持下去，因为它损害了客户的利益。所以，企业应保持并不断提高产品的质量，这样才能提升产品价值，进而提升客户的感知价值，使客户关系建立在坚实的基础上。

假如产品缺乏创新，样式陈旧或功能落伍，跟不上客户需求的变化，客户的感知价值就会降低，客户自然就会不满意，还会"移情别恋""另觅新欢"，转而购买新型的或者更好的同类产品或服务。

此外，随着收入水平的提高，客户的需求层次也有了很大的变化，面对日益繁荣的市场，许多客户产生了渴望品牌的需求，品牌对企业提升产品价值的影响就尤为突出。同时，品牌还充当着企业与客户联系情感的纽带。因此，企业可通过对品牌形象的塑造来提升产品价值，进而为客户带来更大的感知价值。

（2）服务价值。服务价值是指伴随着产品实体的出售，企业向客户提供的各种附加服务，包括售前、售中、售后的产品介绍、送货、安装、调试、维修、技术培训、产品保证等服务，以及服务设施、服务环境、服务的可靠性和及时性等因素所产生的价值。

服务价值是构成客户总价值的重要因素之一，对客户的感知价值影响较大。服务价值高，客户的感知价值就高；服务价值低，客户的感知价值就低。

虽然再好的服务也不能使劣质产品成为优质产品，但优质产品会因劣质的服务而失去客户。例如，企业的服务意识淡薄，员工傲慢，服务效率低，对客户草率、冷漠、粗鲁、不礼貌、不友好、不耐心，客户的问题不能得到及时解决，咨询无人理睬，投诉没人处理等都会导致客户的感知价值低。

优异的服务是提升客户感知价值的基本要素，是提高产品价值不可缺少的部分，出色的售前、售中、售后服务在增加客户总价值和减少客户的时间成本、体力成本、精神成本等方面具有极其重要的作用。企业只有不断提高服务质量，才能使客户的感知价值增大。

例如，有着台湾"经营之神"的台塑集团前总裁王永庆先生，年轻时曾经开过米店。那时还没有送货上门的服务，但是王永庆主动给客户送米，而且还帮客户将米倒进米缸里。如果米缸里还有米，他就将旧米倒出来，将米缸刷干净，然后将新米倒进去，将旧米放在上层——这样米就不至于因存放过久而变质。就是这样的举动让客户感动得不得了，都铁了心要买他的米。

（3）人员价值。人员价值是指企业"老板"及全体员工的经营思想、工作效益与作风、业务能力、应变能力等产生的价值。例如，一个综合素质较高的工作人员会比综合素质较低的工作人员为客户创造更高的感知价值。

此外，工作人员是否愿意帮助客户、理解客户，以及工作人员的敬业精神、响应时间和沟通能力等因素也会影响客户的感知价值。例如，李素丽的服务给乘客带来温暖、尊重、体贴和愉悦，而冷漠的乘务人员会给乘客带来不安全感、不舒服感。

凯马特（Kmart）是美国一家著名的大型折扣连锁店。虽然它的卖场很大，店里陈列的商品品种繁多、价格便宜，但客户如果想找店员询问有关问题却不是件容易的事，因为为了节约人工成本，这里的店员很少，客户在这里虽然满足了购买便宜商品的欲望，但是无法感觉到店员对他们付出的一点点关心，于是他们心中就产生了被冷落的感觉。也就是说，客户在这里得不到多少人员价值，这影响了客户对凯马特的满意度。

（4）形象价值。形象价值是指企业及其产品在社会公众中形成的总体形象所产生的价值，它在很大程度上是产品价值、服务价值、人员价值三个方面综合作用的反映和结果，包括产品、服务、人员、技术、品牌等产生的价值，以及企业的价值观念、管理哲学等产生的价值，还包括企业"老板"及其员工的经营行为、道德行为、态度作风等产生的价值。

企业形象价值高，将有利于提升客户的感知价值。如果企业形象在客户心目中较好，客户就会谅解企业的个别失误。相反，如果企业原有的形象不佳，企业在经营过程中如果存在不合法、不道德、不安全、不健康和违背社会规范的行为，即使企业的产品或服务很好，客户对它的印象也会大打折扣，那么任何细微的失误都会造成很坏的影响。因此，企业形象被称为客户感知的"过滤器"。

例如，竞争对手可以说无所不在、无时不有，但竞争中不要损人利己、相互拆台、造谣、诽谤、中伤，否则最终只能导致两败俱伤。相反，如果企业能与竞争对手建立良好的竞争关系，则会塑造一个全新的企业形象，从而提升客户的感知价值。

典型的例子是美国纽约梅瑞公司把客户介绍给竞争对手这种一反常态的做法，既获得了广大客户的好感，又向竞争对手表示了友好和亲善，不仅树立了良好的企业形象，也改善了经营环境，因此该公司的生意日趋兴隆。

（5）货币成本。货币成本是客户在购买、消费产品或服务时必须支付的金额，是构成客户总成本的主要因素和基本因素，是影响客户感知的重要因素，对稳定和巩固客户关系有着举足轻重的作用。

客户在购买产品或服务时，无论有意或无意，总会将价格与其消费所得相比较，希望以较小的货币成本获取更多的实际利益，以保证自己在较低的支出水平上获得最大的满足。

即使企业的产品或服务再好，形象再好，如果需要客户付出超过其预期价格很多才能得到，他们也不会乐意。因此，如果客户能够以低于预期价格的货币成本买到较好的产品或服务，那么客户感知价值就高，反之，客户的感知价值就低。

（6）时间成本。时间成本是客户在购买、消费产品或服务时必须花费的时间，它包括客户等待服务的时间、等待交易的时间、等待预约的时间等。

激烈的市场竞争使人们更清楚地认识到时间的宝贵，对于一些客户来说，时间可能与质量同样重要。在相同的情况下，客户所花费的时间越少，客户购买的总成本就越低，感知价值就越高。相反，客户所花费的时间越多，客户购买的时间成本就越高，感知价值就越低。因此，企业必须努力提高效率，在保证产品和服务质量的前提下，尽可能减少客户时间的支出，从而降低客户购买的总成本，提高客户的感知价值。

如今，对客户反应时间的长短已经成为某些行业，如快餐业、快递业等行业成功的关键因素。如麦当劳为了突出"快"字，站柜台的服务员要身兼三职——照管收银机、开票和供应食品，客户只需排一次队，就能取到他所需要的食物。

（7）精神成本。精神成本是指客户在购买产品或服务时耗费了多少精神。在相同的情况下，精神成本越少，客户总成本就越低，客户的感知价值就越大。相反，精神成本越高，客户的感知价值就越低。

一般来说，客户在不确定的情况下购买产品或服务，可能存在一定的风险。例如，预期风险，即当客户的预期与现实不相符时，就会有失落感，产生不满；形象风险或心理风险，如客户担心购买的服装太前卫会破坏自己的形象，或担心购买价格低的产品被人取笑，购买价格高的产品又会被人指责摆阔、逞能等；财务风险，即购买的产品是否物有所值，保养维修费用是否太高，产品将来的价格会不会更便宜等；人身安全风险，如某些产品的使用可能隐含一定的风险，如驾驶汽车、摩托车可能造成交通事故等……这些可能存在的风险，都会导致客户精神压力的增加，如果企业不能降低客户的精神成本，就会降低客户的感知价值。

例如，同一个月甚至同一周购买的同样一种产品，仅差一天或者几天，价格就不一样，这会让客户时常担心今天买会不会亏了，明天会不会更便宜，从而增加了客户的精神成本和负担，降低了客户的感知价值。

又如，旅馆不守信用，旅客预订的客房无法按时入住，而旅馆没有做出任何补偿行为，这也会增加旅客的精神成本，从而降低客户的感知价值。

根据日本知名管理顾问角田识之的研究，一般交易活动中买卖双方的情绪热度呈现出两条迥然不同的曲线：卖方从接触买方开始，其热忱便不断升温，到签约时达到巅峰，等收款后便急剧降温、一路下滑；买方的情绪却是从签约开始逐渐上升，但总是在需要卖方服务的时候，才发现求助无门——这往往是买方产生不满的根源。如果买方始终担心购买后卖方的售后服务态度会一落千丈，那么就会犹豫是否要购买。

客户的精神负担往往是企业的失误造成的，也可能来自企业制度和理念上的漏洞。例如，有些通信企业为了防止客户有意拖欠话费和减少欠费，而采取了预交话费的办法，一旦客户通话费用超过预交话费，账务系统就自动中断对客户的服务。这种办法的确有效防止了欠费，但同时也让并非有意欠费的客户十分反感和不满，觉得这是对自己的不尊重、不信任，从而增加了客户的精神成本，降低了客户的感知价值。于是，这些客户在一定的外因促使下很容易"叛离"企业，寻找能信任他们的更好的合作伙伴。

（8）体力成本。体力成本是指客户在购买、消费产品或服务时耗费多少体力。在相同的情况下，体力成本越少，客户的感知价值就越高。相反，体力成本越高，客户的感知价值就越低。

伴随着紧张的生活节奏与激烈的市场竞争，客户对购买产品或服务的方便性要求在提高，因为客户在购买过程的各个阶段均需要付出一定的体力。如果企业能够通过多种渠道减少客户为购买产品或服务而花费的体力，便可降低客户购买的体力成本，进而提升客户的感知价值。

总之，客户总是希望获得最多的产品价值、服务价值、人员价值、形象价值，同时又希望把货币成本、时间成本、精神成本、体力成本降到最低，因为只有这样，客户的感知价值才会最高。

6.4 怎样让客户满意

从前文我们知道，客户预期和客户感知价值是影响客户满意的因素。那么，如果企业能够把握客户预期，并且让客户感知价值超出其预期，就能够实现客户满意（见图6-1）。

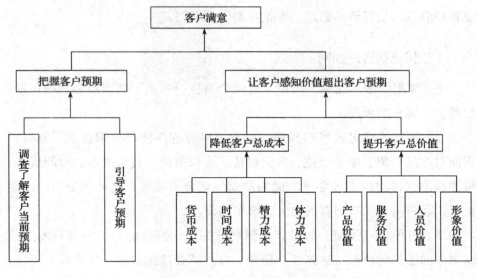

图 6-1 实现客户满意路线图

6.4.1 把握客户预期

1. 把握客户预期的重要性

（1）确保实现客户满意。如果客户的感知价值达到或超过客户预期，那么客户就会满意或很满意；如果客户的感知价值达不到客户预期，客户就会不满意。因此，为了确保实现客户满意，企业必须把握客户预期，否则即使客户感知价值再高，也未必能够实现客户满意。

例如，企业可通过宣传沟通说明产品价格较高的合理原因，以及强调比竞争对手的服务、价值等更优的表现——一分钱一分货，虽然价格高但性价比突出……从而引导客户接受相对较高的价格。如果再在现实中给予一点优惠，那么客户就会很满意了。

（2）控制和降低实现客户满意的成本。如果企业能够把握客户预期，那么就可以控制和降低实现客户满意的成本：只要用最小的代价让客户感知价值稍微超出客户预期，就能够事半功倍地获得客户满意——这既是实现客户满意的最经济的思路,也是最科学的思路。

2. 如何把握客户预期

企业要把握客户预期,可以通过两个路径:一是了解当前客户的预期,二是引导客户的预期。

(1)调查了解客户当前预期。企业可以通过各种市场调查来了解客户当前对产品价值、服务价值、人员价值、形象价值、货币成本、时间成本、精神成本、体力成本等各个方面的预期。充分了解客户当前的预期可以使企业让客户满意的措施有的放矢、事半功倍。

(2)引导客户预期。如果客户预期过高,一旦企业提供给客户的产品或服务的感知价值没有达到客户预期,客户就会感到失望,导致客户不满。但是,如果客户预期过低,可能就没有兴趣购买或者消费企业的产品或服务了,就会跑到竞争对手那里去。看来,客户预期过高、过低都不行,企业必须主动出击——对客户预期加以引导。

那么,如何引导客户预期呢?

首先,以当前的努力和成效引导客户的良好预期。客户的价值观、需求、习惯、偏好等属于企业不可控的因素,企业可以有所作为的余地和机会不大。但是,如果企业能够认真做好当前的工作,从小事做起,从细节做起,努力使客户获得良好的体验,长此以往、坚持不懈,就能使客户获得积极正面的消费经历、消费经验、消费阅历等,从而使客户形成对企业的良好预期。

其次,以留有余地的承诺和宣传引导客户的合理预期。在一定的感知水平下,如果企业的宣传与承诺过度,客户的预期就会被抬高,从而造成客户感知与客户预期之间的差距,降低客户的满意水平。例如,人们对承诺捐赠却没有兑现的企业的反感程度,远大于未捐赠也未提捐赠的企业,就说明了这一点。可见,企业要根据自身的实力进行恰如其分的宣传与承诺,只宣传与承诺能够做得到的事,不能过度宣传与承诺,更不能欺骗客户。宣传与承诺如果得以实现，将在客户中建立可靠的信誉。正如 IBM 的理念："所做的超过所说的且做得很好，是构成稳固事业的基础。"

如果企业在宣传与承诺时恰到好处并且留有余地，甚至干脆自我揭短、丑话说在前头，使客户的预期保持在一个合理的状态，那么客户感知就很可能轻松地超过客户预期，客户就会因感到"物超所值"而"喜出望外"，自然对企业十分满意。例如，大众甲壳虫汽车在最开始宣传时就直接指出自己的缺点，如又小又丑，然后再告诉你这些缺点能给你带来哪些好处，比如经济实惠。又如，日本美津浓公司销售的运动服里有纸条写着：此运动服乃用最优染料、最优技术制造，遗憾的是做不到完全不褪色，会稍微褪色。这种诚实的态度既赢得了客户的信赖，又使客户容易达到满意——因为预期值不高。假如运动服褪色不明显，客户还是会很满意。因此，这家公司每年的销售额高达 4 亿日元。迪士尼乐园作为全球三大娱乐服务品牌之一，非常善于在各个环节设定客户预期，而后往往给客户以超值惊喜。例如，有一种娱乐设施依照广播通知需要等待 45 分钟，这时选择等待的客户就会对等待时间产生 45 分钟的预期。然而，迪士尼乐园总是能够在不到 45 分钟的时间里提前让客户达成心愿，客户对这样的结果总是很满意。

最后，可以通过文化、理念、宗旨、制度、规则、价格、包装、环境等来引导客户预期。显然，好的企业文化、理念、宗旨、制度、规则等会使客户形成良好的预期。企业还可以通过制定合适的价格来影响客户预期，如果试图使客户形成高预期，就可以定高价格。企业还可以通过包装、环境等有形展示来影响客户预期，如果试图使客户形成高预期，就应该通过精美豪华的包装、高档的装修、现代化的设施与装备等来实现。例如，零售机构处在繁华的地段提示零售的商品档次不会低，而整洁的环境又提示严谨的作风，统一的着装、标准化的服务、热情的招呼、文明的举止也提示服务机构格调的高雅。此外，满目的证书和奖状，冠有"××之星""××标兵""××模范"称号的机构和人员，也会增强客户的预期。

当然，如果企业试图使客户的预期不那么高，相应地，价格、包装、环境等也就不应该过高、过好、过于考究。

知识扩展：如何防止客户预期过高

首先，千万不要随便给予优惠，否则客户会提出更进一步的要求，直到你不能接受。

其次，让客户感觉到优惠只针对他一个人，让客户感到获得这样的优惠很不容易。

最后，当客户提出过分的要求时，可表现出自己的权力有限，需要向领导请示："对不起，在我的处理权限内，我只能给你这个价格。"然后再话锋一转，"不过，因为您是我们的老客户，我可以向经理请示一下，给你些额外的优惠。但我们这种优惠很难得到，我只能尽力而为。"这样客户的预期值不会太高，即使得不到优惠，也会感到你已经尽力而为，不会怪你。

总之，企业要实现客户满意就必须采取相应的措施来把握客户预期，让客户的预期处在一个恰当的水平，这样既可以吸引客户，又不至于让客户因为预期落空而失望，产生不满。一般来说，引导客户预期的上限是企业能够带给客户的感知价值，下限是竞争对手能够带给客户的感知价值。此外，企业引导客户预期时应当做到实事求是、扬长避短，引导客户多关注对企业有利的方面，忽略对企业不利的方面。

6.4.2 让客户感知价值超出客户预期

如果企业善于把握客户预期，然后为客户提供超出预期的感知价值，就能够使客户产生惊喜，这对于提高客户满意度起到事半功倍的作用。

例如，一对已经相处了多年的恋人，在过去几年的情人节，男士总是送女士9朵玫瑰，而今年男士送她99朵玫瑰，这大大超出了她的预期——她高兴得几乎跳了起来！

因此，企业为了使客户感知价值超出客户预期，就要提高客户的感知价值，这可以从两个方面来考虑：一方面，提升客户的总价值，包括产品价值、服务价值、人员价值、形象价值；另一方面，降低客户的总成本，包括货币成本、时间成本、精神成本、体力成本。企业要使客户获得的总价值大于其付出的总成本，这样才能提高客户的感知价值。

1. 提升客户的总价值

（1）提升产品价值。首先，树立"质量是企业的生命线"的意识。产品质量是提高客户感知和客户满意度的基础，高质量产品本身就是出色的"推销人员"和维系客户的有效手段，无论如何不能企求人们购买那些质量低劣的产品。企业如果不能保证产品的质量，或产品的质量随时间的推移有所下降，那么，即使客户曾经满意，也会逐渐不满意。通用电气公司前总裁杰克·韦尔奇（Jack Welch）说："质量是维护客户忠诚最好的保证，是对付竞争者的最有力的武器，是保持增长和盈利的唯一途径。"众多世界品牌的发展历史告诉我们，客户对品牌的满意，在一定意义上可以说是对其质量的满意。只有过硬的质量，才能提升客户的感知价值，才能真正在人们心目中树立起金字招牌，受到人们的爱戴。所以，企业应保证并不断地提高产品的质量，使客户满意建立在坚实的基础上。

其次，为客户提供定制的产品或服务。这是指根据每个客户的不同需求来制造产品或者提供服务，其优越性在于通过提供特色产品或超值的服务来满足客户需求，提高客户的感知价值，从而提高客户的满意度。例如，戴尔公司按照客户的订单进行生产，不仅满足了客户对数量的要求，而且满足了客户对质量、花色、式样或款式等方面的要求，真正做到了适销对路。又如，为适应各地消费群体的不同需求，面对北京市场，海尔公司推出了使用最新技术的昂贵的高档冰箱；面对广西市场，海尔公司开发了有单列装水果用的保鲜室的"果蔬王"冰箱；面对上海市场，为适应上海居民住房很小的现状，海尔冰箱从"大王子"到"小王子"再到"双开门"，后来又为上海家庭生产了瘦长体积小、外观漂亮的"小小王子"冰箱。由于满足了不同客户群的需求，客户对海尔公司的美誉度和满意度得到了大幅度提升，海尔也得到了丰厚的回报。四川的客户反映，用海尔的洗衣机洗地瓜时，经常阻塞出水道。因此，为了满足四川农民轻松洗地瓜的要求，海尔又为四川市场开发了"地瓜洗衣机"，能洗土豆、地瓜。尽管"地瓜洗衣机"的销量不大，却真正体现了产品开发以客户为导向的理念，因而提高了客户的感知价值和满意度。

再次，塑造品牌。品牌可以提升产品的价值，可以帮助客户节省时间成本、精神成本和体力成本，可以提高客户的感知价值，进而提高客户的满意度。任何一个有损品牌形象的失误，哪怕是微小的失误，都有可能严重削弱客户的满意度，因此，企业要坚持树立良好的品牌形象。此外，品牌还是一种客户身份的标志，许多客户已经逐渐由产品消费转为品牌消费，这就要求企业在打造产品质量的同时，还要努力提高品牌的知名度和美誉度。

最后，不断创新。任何产品和服务都有生命周期，随着市场的不断成熟，原有的产品和服务带给客户的利益空间越来越小。因此，企业要顺应客户的需求趋势，不断地根据客户的意见和建议，站在客户的立场研究和设计产品，这样就能够不断提高客户的感知价值，从而提高客户的满意度。通过科技开发提高产品的科技含量，不仅可以更好地满足客户的需要，而且可以构筑竞争壁垒，有效地阻止竞争对手的进攻。例如，英特尔（Intel）从 Intel 186、286、386、486、586 到赛扬、奔腾系列……无一不在创造市场奇迹，它在不断提升产品价值的同时，提升了客户的感知价值，进而实现了客户满意。又如，自从在北京前门开了中国第一家餐厅，截至 2017 年年底，肯德基已在 1000 多个城市开设了 5300 多家连锁餐厅，是中国规模最大、发展最快的快餐连锁企业。几十年来，肯德基坚持"立足中国、融入生活"的策略，推行"营养均衡、健康生活"的食品健康政策，积极打造"美味安全、高质快捷；营养均衡、健康生活；立足中国、创新无限"

的"新快餐"，在产品多样化上不断创新，尤其注重蔬菜类食品、高营养价值食品的开发，如今产品已超过60种。目前，除了吮指原味鸡、香辣鸡腿堡、香辣鸡翅等代表产品外，由中国团队研发的老北京鸡肉卷、新奥尔良烤翅、四季鲜蔬、早餐粥、蛋挞等也都广受好评。

（2）提升服务价值。随着购买力水平的提高，客户对服务的要求也越来越高，服务质量对购买决策的影响越来越大，能否给客户提供优质的服务已经成为提高客户的感知价值和客户满意度的重要因素。这就要求企业站在客户的角度，想客户所想，在服务内容、服务质量、服务水平等方面提高档次，从而提升客户的感知价值，提高客户的满意度。

例如，麦当劳专门设置了儿童游乐园，供孩子们边吃边玩，游乐园里播放用重金聘请的美国著名小丑演员表演的电视节目，这些滑稽逗乐的节目，常使小孩们笑得前俯后仰。麦当劳还专门为儿童举办生日庆祝会，吃什么、花多少钱，由家长决定，一切游乐服务则由麦当劳负责。

美国前总统里根访问上海时下榻锦江饭店，饭店工作人员打听到里根夫人喜爱鲜艳的服饰，于是特意定做了一套大红缎子的晨装，里根夫人穿上它竟然很合身，她感到很惊喜，对锦江饭店的细致服务自然非常满意。斐济总统身材高大，来华访问期间一直没有穿到合脚的拖鞋，到达上海时也下榻锦江饭店，出乎他预料的是，锦江饭店为他专门定做了特大号的拖鞋，总统非常满意，而且对锦江饭店也留下了深刻的印象。

此外，售前、售中、售后服务也是提升客户感知价值的重要环节，如售前及时向客户提供充分的关于产品性能、质量、价格、使用方法和效果等方面的信息；售中提供准确的介绍和咨询服务；售后重视信息反馈和追踪调查，及时处理和答复客户的意见，对有问题的产品主动退换，对故障迅速采取措施排除或者提供维修服务。

自从宝洁公司首创了"客户免费服务电话"以来，目前已有不少企业，如松下、夏普等公司纷纷效仿，客户只要拨通热线电话，就可以免费与企业进行沟通，得到有关答复或者服务。比如上海大众启动"24小时服务全国统一寻呼网络"，实现了服务支持功能的属地化，不论用户身在何处，不管车辆遇到什么情况，只要拨打服务电话，便可随时得到专业应急服务，以此提升客户的感知价值和满意度。

（3）提升人员价值。提升人员价值包括提高与改善"老板"及全体员工的经营思想水平、工作效益与作风、业务能力、应变能力以及服务态度等。

优秀的员工在客户中享有很高的声望，对于提高企业的知名度和美誉度，提高客户的感知价值及满意度都具有重要意义。例如，北京王府井百货大楼优秀营业员张秉贵以"一团火"的精神热心为客户服务，创立了闻名全国的"张秉贵品牌"。

企业可以通过加强管理制度建设和培训来提高员工的业务水平，提高员工为客户服务的娴熟程度和准确性，从而提高客户的感知水平和满意度。例如，星巴克对员工进行深度的专业培训，使每位员工都成为咖啡方面的专家，他们可以和客户一起探讨有关咖啡的种植、挑选和品尝，还可以讨论有关咖啡的文化甚至奇闻逸事，以及回答客户的各种询问，所以，客户在星巴克能够获得很高的人员价值。

提高员工满意度也是提升人员价值，进而提升客户感知价值和客户满意度的手段。因为员工满意度的增加会促进员工提供给客户的产品质量或服务质量的提高。例如，20世纪70年代，日本企业的崛起，很重要的原因是日本企业采用人性化管理，大大提升了员工的满意度，激励员工为客户提供优质的产品或服务，从而提高了客户感知价值和满意度。

（4）提升形象价值。企业是产品与服务的提供者，其规模、品牌、公众舆论等内在或外部的表现都会影响客户对它的判断。企业形象好，会形成对企业有利的社会舆论，为企业的经营发展创造一个良好的氛围，也提升了客户对企业的感知价值，从而提高对企业的满意度，因此企业应高度重视自身形象的塑造。

企业形象的提升可通过形象广告、公益广告、新闻宣传、赞助活动、庆典活动、展览活动等来进行。

形象广告是以提高企业的知名度，展示企业的精神风貌，树立企业美好形象为目标的广告。

公益广告是企业为社会公众利益服务的非营利性广告或非商业性广告，它通过艺术性的手法和广告的形式表现出来，营造出一种倡导良好作风、提高社会文明程度的氛围或声势。公益广告具有极强的舆论导向性、社会教育性，是体现发布者对社会、对环境关怀的一种最有效的表达方式，可以提升发布者的形象。例如，在最早发现"非典"疫情的广东，民企香雪药业得知"非典"有蔓延的迹象后，第一时间增加了1000万元的广告经费，买断了当地主要电视台和主流媒体的黄金时段及黄金版面，大做公益广告，其中就有献给白衣天使和坚守岗位的劳动者的电视短片《感谢你》。正是这种对公众利益的关心和对公益事业的支持，使香雪药业给公众留下了良好的印象，也使企业的形象价值得到了提升。

新闻宣传是企业将有价值的新闻，通过大众传播媒介告知公众的一种传播形式。由于新闻宣传具有客观性、免费性、可信性等特点，所以对提高企业的知名度、美誉度十分有利。

赞助活动是企业以不计报酬的方式，出资或出力支持某项社会活动或者某一社会事业，如支持上至国家、下至社区的社会活动，或支持文化、教育、体育、卫生、社区福利等事业。赞助活动可使企业的名称、产品、商标、服务等得到新闻媒介的广泛报道，有助于树立企业热心社会公益事业、有高度的社会责任感等形象，从而扩大企业的知名度和美誉度，赢得人们的信任和好感。例如，沃尔顿积极资助公立和私立学校，还设立了特殊奖学金，协助拉丁美洲的学生到阿肯色州念大学。沃尔玛在公益活动上大量长期的投入及活动本身所具有的独到创意，大大提高了品牌知名度，成功塑造了沃尔玛在广大客户心目中的卓越形象。作为一个出色的企业公民，沃尔玛自进入中国起就积极开展社区服务和慈善公益活动，如开展"迎奥运、促和谐、做先锋""奥运年，中国心""关爱农民工子女"等公益活动，对非营利组织和公益事业（如学校、图书馆、经济发展团体、医院、医学研究计划和环保方案等）的捐赠也十分慷慨，从而在中国市场树立了良好的公益形象。

庆典活动，如开业典礼、周年纪念、重大活动的开幕式和闭幕式等，因为其隆重性能够引起社会公众的较多关注，所以，借助庆典活动的喜庆和热烈气氛来渲染企业形象，往往能够收到意想不到的效果。

展览活动是通过实物、文字、图片、多媒体来展示企业的成就和风采，有助于增加公众和客户对企业的了解。

2. 降低客户的总成本

（1）降低货币成本。合理地制定产品价格是提高客户感知价值和满意度的重要手段。因此，企业定价应以确保客户满意为出发点，并依据市场形势、竞争程度和客户的接受能力来考虑，尽可能做到按客户的"预期价格"定价，千方百计地降低客户的货币成本，坚决摒弃追求暴利的短期行为，这样才能提升客户的感知价值，提高客户的满意度。

例如，作为"世界500强"之一的沃尔玛公司在与供应商的关系方面，绝对站在消费者采购代理的立场，苛刻地挑选供应商，顽强地讨价还价，提出"帮客户节省每一分钱"的宗旨，提出了"天天平价、始终如一"的口号，并努力实现价格比其他商号更便宜的承诺，这无疑是沃尔玛成为零售终端之王的根本所在。

美国西南航空把自己定位为票价最低的航空公司，公司的策略是在任何的市场环境下，都要保持最低的票价。按照传统的经商原则，当飞机每班都客满时，票价就要上涨，但西南航空不提价，而是增开班机，有时西南航空的票价比乘坐陆地的运输工具还要便宜。

当然，降低客户的货币成本不仅体现在价格上，还体现在提供灵活的付款方式和资金融通方式等方面。当客户规模较小或暂时出现财务困难时，企业向其提供延期付款、赊购这样的信贷援助就显得更为重要。

此外，企业还可以通过开发替代产品，以及使用价格低的包装材料或者使用大包装等措施，不断降低产品的价格，降低客户的货币成本，从而提高客户的感知价值和满意度。

（2）降低时间成本。在保证产品与服务质量的前提下，尽可能减少客户的时间支出，从而降低客户购买的总成本，提高客户的感知价值和满意度。

例如，花王公司在销售其产品的商场中安装摄像头，以此来记录每位客户在决定购买"花王产品"时所花费的时间。花王公司根据这些信息改进了产品的包装和说明，对产品摆设进行重新布置以及调整产品品种的搭配，让客户可以在最短的时间内完成消费行为。经过产品摆设的重新布置和品种调整后，客户决定购买花王洗发水所用的时间比过去少了40秒。

如果你是美国安飞士（Avis）租车公司的老客户，你乘飞机到达目的地后，不用做任何事情，就可直接到安飞士在机场的停车场，这时钥匙已经插在车里面，你发动汽车就可以把它开走，只要在门口把你的证件给工作人员看一眼就可以了，没有任何多余的手续，也根本不用到柜台去排队。这样周到的服务节省了客户的宝贵时间，降低了客户的时间成本，提升了客户的感知价值，也提高了客户的满意度。

沃尔玛商场经营项目繁多，包括食品、玩具、新款服装、化妆用品、家用电器、日用百货、肉类果蔬等，而且力求富有变化和特色，以满足客户的各种喜好，为的是推行"一站式"购物新概念——客户可以在最短的时间内以最快的速度购齐所有需要的商品。这种降低客户时间成本的购物方式，提升了客户的感知价值和满意度。

在麦当劳，当排队等候人数较多时，麦当劳会派出服务人员为排队客户预点食品，这样，当该客户到达收银台时，只要将点菜单提供给收银员即可，提高了点餐的速度，同时，预点食品还能降低排队客户的"不耐烦"心理，提高了客户的忍受力，可谓一举两得。

汇丰银行把某些分支机构改为昼夜银行业务中心，让客户可以在方便的时候处理自己的账户。同时，还设立了电话及 e-banking 银行业务，方便客户使用自己的账户及利用电话和互联网随时随地方便地进行交易，节省了客户的时间成本。

（3）降低精神成本。降低客户的精神成本最常见的做法是做出承诺与保证。例如，汽车企业承诺永远公平地对待每一位客户，保证客户在同一月份购买汽车，无论先后都是同一个价格，这样今天购买的客户就不用担心明天汽车的价格会更便宜了。

在安全性、可靠性越重要的购买或消费中，承诺就越重要。例如，美容业做出"美容承诺"，并在律师的确认下，与客户签订美容服务责任书，以确保美容服务的安全性、无后遗症等。许多世界知名企业都对服务质量进行承诺，像新加坡航空公司、迪士尼和麦当劳，这些公司都对其服务质量进行全面承诺，为的就是降低客户的精神成本，提高客户的感知价值和满意度。

此外，企业为了降低客户的精神成本，还可以为客户购买保险。例如，航空公司、旅行社、运输公司等为旅客或乘客购买保险，目的是减少客户的购买风险，从而降低客户的精神成本和货币成本。在韩国的一些高档旅馆里，每个房间的床下都备有一条"救命绳"，绳子坚韧结实，端部有金属环，遇到火灾或其他险情，旅客来不及从门撤离时，可用这条救命绳套在室内稳固的物体上，迅速从窗口顺墙滑下逃生。"天有不测风云，人有旦夕祸福"——有了这条"救命绳"，旅客就可以高枕无忧了！

另外，企业提供细致周到、温暖的服务也可以降低客户的精神成本。比如在为客户维修、安装时，自己带上拖鞋和毛巾，安装好后帮客户把房间打扫干净，把对客户的打扰降低到最低限度……这些细节都充分体现了企业对客户的关怀、体贴和尊重，从而降低了客户的精神成本，给客户留下了好的印象。

如果客户想到的企业都能给予，客户没想到的企业也能提供，这必然会使客户感到企业时时刻刻对他的关心，从而对企业满意。例如，客户在外出差，手机没电了，但又没带充电器，如果拨打通信公司的服务热线，通信公司便马上提供租用电池或充电服务，客户一定会感到通信公司提供的服务超出了他的预期而非常满意，从内心深处对公司产生亲近感。又如，当我们到银行办理业务的时候，填写各种单据是一件非常头痛的事情，而招商银行就推出了窗口免填单服务——客户不再需要填写任何单据，只需要告诉窗口的服务代表自己想要办理的业务就够了，剩下的手续会由服务代表替你完成。由于招商银行推出免填单的服务超出了客户的预期，客户自然对招商银行满意。

此外，企业还要积极、认真、妥善地处理客户投诉，从而降低客户的精神成本。

（4）降低体力成本。如果企业能够通过多种销售渠道接近客户，并且提供相关的服务，那么就可以减少客户为购买产品或服务所花费的体力成本，从而提高客户的感知价值和满意度。

对于装卸和搬运不太方便、安装比较复杂的产品而言，企业如果能为客户提供良好的售后服务，如送货上门、安装调试、定期维修、供应零配件等，就会减少客户为此耗费的体力成本，从而提高客户的感知价值和满意度。

例如，商店为购买冰箱、彩电、洗衣机、家具的客户送货上门，镜屏厂为用户免费运输、安装大型镜屏，解决运输、安装两大困难，这些都降低了客户的体力成本，从而提高了客户的满意度。

总之，如果企业能够把握客户预期，并且使客户感知价值超出客户预期，就能够实现客户满意。

假如客户有困难时，企业能够伸出援手就会令客户因感动而满意。如果客户因为搬迁不方便购买，企业主动送货上门，就会使客户觉得自己得到了特殊的关心而满意。如果客户因为资金周转问题不能及时支付购买产品的费用，企业通过分期付款、赊账的形式予以援助，客户就会心存感激而满意。

例如，某位男士走进家门口附近的一家超市，拿起一瓶醋看了看，然后又放了回去，这时老板走过来告诉他："先生，您夫人平常买的是××牌子的醋，她是我们的老客户了，可以记账消费，而且都打九折，您只要签个名，就可以拿走。"这家超市老板的客户关系显然做得很不错，首先他记得自己的常客，并且认得她的丈夫，而且记得她一贯购买的品牌，不仅如此，这家超市还允许老客户记账、赊账。因为超出了客户的期待，客户自然会对这家超市留下好印象。

南京民生汽车客运公司除了提供客运服务外，还提供租车服务。当租车客户遇到交通纠纷时，公司会以客户"亲属"而不是车主的身份全权处理一切事务。民生汽车客运公司的这项举措使客户大为感动，深得租车客户的好评，客户感到民生汽车客运公司时刻在为他们着想，自然忠诚有加。

"95555"是招商银行集自动、人工于一体的全国统一客户服务热线，客户可通过拨打"95555"获得24小时不间断、全方位的一站式服务。作为招商银行的一个优势，电话服务具有以下服务特色：超时空的4A服务，即任何客户（any guest——个人客户、公司客户等银行所有客户）、可以在任何时间（anytime——每年365天、每天24小时不间断）、任何地点（anywhere——家里、办公室、旅途中）、以任何方式（anyway——电话、手机、传真、互联网、电子邮件等）获得银行服务，为客户提供了沟通便利，也帮助客户节省了时间和精力，因此客户比较满意。招商银行的4A服务，使客户可以不受时间、空间、方式的限制接受服务，超出了客户的预期，因此实现了客户满意。

| 第 7 章 |

怎样留住客户

客户忠诚是指客户一再重复购买,而不是偶尔重复购买同一企业的产品或服务的行为。

奥立弗(1997)认为客户忠诚就是对偏爱产品和服务的深度承诺,在未来一贯地重复购买,并因此而产生的对同一品牌或同一品牌系列产品或服务的重复购买行为,不会因市场情况的变化和竞争性营销力量的影响发生转移。

有学者把客户忠诚细分为行为忠诚、意识忠诚和情感忠诚,但如果只有意识忠诚或者情感忠诚,却没有行为忠诚,那么对企业来说就没有多少意义,因为企业能够从中获得多少收益是不确定的,只有行为忠诚才能够给企业带来实实在在的利益。因此,企业不会排斥虽然意识不忠诚、情感不忠诚,行为却忠诚的客户,因为他们实实在在地、持续不断地购买企业的产品或服务,帮助企业获得利润。不过,应当清醒的是,意识不忠诚、情感不忠诚的客户难以做到持久的行为忠诚。理想的"客户忠诚"是行为忠诚、意识忠诚和情感忠诚三合一,但同时具备这三种忠诚的客户是非常难能可贵的!

本书所指的客户忠诚专指客户的行为忠诚。

7.1 要把客户忠诚当回事

1. "忠诚"比"满意"更能确保企业的长久收益

"客户满意"不等于"客户忠诚",如果企业只能实现"客户满意",不能实现"客户忠诚",那就意味着没有稳定的客户群,这样经营收益就无法确保,因为只有忠诚的客户才会持续购买企业的产品或服务,才能给企业带来持续的收益。

假设某企业每年的客户流失率是 10%,每个客户平均每年带来 100 美元的利润,吸收一个新客户的成本是 80 美元。现在企业决定实施客户忠诚计划,将客户年流失率从 10% 降低到 5%,该计划的成本是每个客户 20 美元。我们可以分析这家企业客户终身价值的变化情况:每年流失 10% 的客户,意味着平均每个客户的保留时间大约是 10 年,每年流失 5% 的客户,意味着平均每个客户的保留时间大约是 20 年。在忠诚计划实施前,平均每个客户的终身价值为:10 年 ×100 美元 / 年 – 80 美元 =920 美元。忠诚计划实施后,平均每个客户的终身价值为:20 年 ×(100 美元 / 年 – 20 美元 / 年) – 80 美元 =1520 美元。通过实施客户忠诚计划,平均每个客户的终身价值增加了 600 美元,也就是说,平均每个客户给企业创造的价值增加了 600 美元。

2. 客户忠诚可以使企业的收入增长并获得溢价收益

忠诚客户因为对企业信任、偏爱,就会重复购买企业的产品或服务,还会放心地增加购买量,或者增加购买频率。忠诚客户还会对企业的其他产品连带地产生信任,当产生对该类产品的需求时,会自然地想到购买该品牌的产品,从而增加企业的销售量,为企业带来更大的利润。

此外,忠诚客户会很自然地对该企业推出的新产品或新服务产生信任,愿意尝试企业推出的新产品或新服务,因而他们往往是新产品或新服务的早期购买者,从而为企业的新产品或新服务的上市铺平了前进的道路。

另外，忠诚客户对价格的敏感度较低，承受力较强，比新客户更愿意以较高的价格接受企业的产品或服务，而不是等待降价或不停地讨价还价。由于他们信任企业，所以购买贵重产品或服务的可能性也较大，因而忠诚客户可使企业获得溢价收益。

美国学者弗雷德里克·赖克哈尔德（Frederic Reichheld）的研究成果表明，客户忠诚度提高5%，企业的利润将增加25%～85%，随着企业与客户维护商业关系时间的延长，忠诚客户会购买更多的产品或服务，产生的利润呈递增趋势。

3. 客户忠诚可以降低开发成本、交易成本和服务成本

（1）降低开发客户的成本。一方面，随着企业间为争夺客户而展开的竞争日趋白热化，企业争取新客户需要花费较多的成本，如广告宣传费用、推销费用（如向新客户推销所需的佣金、推销人员的管理费用及公关费用等）、促销费用（如免费使用、有奖销售、降价等费用），还有大量的登门拜访以及争取新客户的人力成本、时间成本和精力成本……因此，企业开发新客户的成本非常高，而且这些成本呈不断攀升的趋势。例如，电视广告费用不断上涨，而广告份额却在下降，企业若要维持原有的广告份额，就必须不断增加广告费用。所以，对许多企业来说，最大的成本就是开发新客户的成本。

另一方面，由于新客户没有体验过产品或服务，对企业还处在认识阶段和观察阶段，不敢放心地购买，因而开发新客户的成本会在一段很长的时间内超出新客户创造的利润贡献。

然而，比起开发新客户，留住老客户的成本要相对"便宜"很多，特别是客户越"老"，维系成本越低，甚至有时候一些定期的回访或者听取他们的抱怨就能奏效。即使是激活一位很久没有购买的"休眠客户"的成本，也比开发一位新客户的成本低得多。

研究表明，吸引一个新客户要付出119美元，而维系一个老客户只需要19美元，也就是说，获得一个新客户的成本是维系一个老客户的成本的5～6倍。

总而言之，如果企业的忠诚客户多了，客户忠诚度提高了，就可以降低企业开发新客户的压力和支出。

（2）降低交易成本。交易成本主要包括三个方面：搜寻成本（为搜寻交易双方的信息所产生的成本）、谈判成本（为签订交易合同所产生的成本）、履约成本（为监督合同的履行所产生的成本）。支出的形式包含金钱、时间和精力的支出。

因为忠诚客户比新客户更了解和信任企业，并且忠诚客户与企业已经形成了一种合作伙伴关系，彼此之间已经达成了一种信用关系，所以，交易的惯例化可使企业大大降低搜寻成本、谈判成本和履约成本，从而最终使企业的交易成本降低。

（3）降低服务成本。首先，服务老客户的成本比服务新客户的成本要低很多。例如，在客户服务中心的电话记录中，新客户的电话往往比老客户多得多，这是因为新客户对产品或服务还相当陌生，需要企业多加指导，而老客户因为对产品或服务了如指掌，不用花费企业太多的服务成本。

其次，由于企业了解和熟悉老客户的预期和接受服务的方式，因此可以更容易、更顺利地为老客户提供服务，并且可以提高服务效率和减少员工的培训费用，从而降低企业的服务成本。

4. 客户忠诚可以降低经营风险并提高效率

据统计，如果没有采取有效的措施，企业每年要流失10%～30%的客户，这样造成的后果是企业经营环境的不确定性增加了，来自外界的不稳定因素增加了，风险也增加了。而相对固定的客户群体和稳定的客户关系，可以使企业不再疲于应付因客户不断改变所造成的需求变化，有利于企业排除一些不确定因素的干扰来制定长期规划，集中资源为这些固定的客户提高产品质量和完善服务体系，并且降低经营风险。

同时，企业能够为老客户提供熟练的服务，这意味着更高的效率，而且失误率会降低，事半功倍。此外，忠诚客户易于亲近企业，能主动向企业提出改进产品或服务的合理化建议，从而提高企业决策的效率和效益。

5. 客户忠诚可以获得良好的口碑效应

随着市场竞争的加剧，各类广告信息泛滥，人们面对大量眼花缭乱的广告难辨真假，无所适从，对广告的信任度大幅度下降。而"口碑"是比当今"满天飞"的广告更具有说服力的宣传，人们在进行购买决策时，越来越重视和相信亲朋好友的推荐，尤其是已经使用过产品或消费过服务的人的推荐。例如，万科的房产销售就有相当的比例得益于原有客户的口碑。

美国有一项调查表明，一个高度忠诚的客户平均会向 5 个人推荐企业的产品和服务，这不但能节约企业开发新客户的费用，而且可以在市场拓展方面产生乘数效应。一个对欧洲 7000 名客户的调查报告表明，60% 的被调查者购买新产品或新品牌是受到家庭或朋友的影响。

可见，忠诚客户的正面宣传是难得的免费广告，可以使企业的知名度和美誉度迅速提高，通过忠诚客户的口碑还能够塑造和巩固良好的企业形象。

忠诚客户是企业及其产品或服务有力的倡导者和宣传者，他们会将对产品或服务的良好体验介绍给周围的人，主动向亲朋好友和周围的人推荐，甚至积极鼓动其关系范围内的人购买，从而帮助企业增加新客户。

6. 客户忠诚可以使企业壮大客户队伍

假设有三家公司，A 公司、B 公司和 C 公司，A 公司的客户流失率是每年 5%，B 公司的客户流失率是每年 10%，C 公司的客户流失率是每年

15%。再假设这三家公司每年的新客户增长率均为15%。那么A公司的客户存量将每年增加10%，B公司的客户存量将每年增加5%，C公司的客户存量则是零增长。这样一来，7年后A公司的客户总量将翻一番，14年后B公司的客户总量也将翻一番，而C公司的客户总量始终不会有实质性的增长。

可见，客户忠诚度高的企业，能够获得客户数量的增长，从而壮大企业的客户队伍。

7. 客户忠诚可以为企业发展带来良性循环

随着企业与忠诚客户关系的延续，忠诚客户带来的效益呈递增趋势，这样就能够为企业的发展带来良性循环：客户忠诚的企业，增长速度快，发展前景广阔，可使企业员工具有荣誉感和自豪感，有利于激发员工士气；客户忠诚的企业获得的高收入可以用于再投资、再建设、再生产、再服务，也可以进一步提高员工的待遇，进而提升员工的满意度和忠诚度；忠诚员工一般都是熟练的员工，工作效率高，可以为客户提供更好的、令其满意的产品或服务，这将更加稳固企业的客户资源，进一步强化客户的忠诚；客户忠诚的进一步提高，又将增加企业的收益，给企业带来更大的发展，从而进入下一个良性循环⋯⋯

美国贝恩策略顾问公司通过对几十个行业长达10年的"忠诚实践项目"调查发现，客户忠诚是企业成功经营和持续发展的基础和重大动力之一。

总而言之，客户忠诚能确保企业的长久收益，使企业收入增长并获得溢价收益，能节省开发成本、交易成本和服务成本，降低经营风险，并提高效率，能使企业获得良好的口碑效应及客户队伍的壮大，为企业发展带来良性循环，保证企业的可持续发展。可以这么说，忠诚客户的数量决定了企业的生存与发展；忠诚的质量，即忠诚度的高低，反映了企业竞争能力的强弱。

7.2 怎样知道客户忠诚度的高低

客户忠诚度是一个相对概念,说明了客户在购买同类产品或服务时对某一企业或品牌光顾比重的高低。注意,不能跨产品或服务进行客户忠诚度比较,因为这样比较是没有意义的。客户忠诚度可以通过以下指标来衡量。

1. 客户重复购买的次数

客户重复购买的次数是指在一定时期内,客户重复购买某品牌产品的次数。客户对某品牌产品重复购买的次数越多,说明对这一品牌的忠诚度越高,反之则越低。有些企业为了便于识别和纳入数据库管理,一般将客户忠诚量化为连续3次或4次以上的购买行为,但现实中不同的消费领域、消费项目有很大的差别,不能一概而论。

2. 客户购买费用的多少

客户为购买某一品牌支付的费用与购买同类产品支付的费用总额的比值如果高,即客户购买该品牌的比重大,说明客户对此种品牌的忠诚度高。反之,客户对此种品牌的忠诚度低。

3. 客户对价格的敏感程度

客户对价格都是非常重视的,但这并不意味着客户对价格变动的敏感程度都相同。事实表明,对于喜爱和信赖的产品或服务,客户对其价格变动的承受能力强,即敏感度低。而对于不喜爱和不信赖的产品或服务,客户对其价格变动的承受力弱,即敏感度高。因此,可以依据客户对价格的敏感程度来衡量客户对某品牌的忠诚度。对价格的敏感程度高,说明客户对该品牌的忠诚度低。反之,则说明客户对该品牌的忠诚度高。

4. 客户挑选时间的长短

客户购买都要经过产品挑选,但由于信赖程度的差异,客户对不同品牌产品的挑选时间是不同的。通常，客户挑选的时间越短，说明他对该品牌的忠诚度越高，反之，则说明他对该品牌的忠诚度越低。

5. 客户对竞争品牌的态度

一般来说，对某品牌忠诚度高的客户会自觉排斥其他品牌的产品或服务。因此，如果客户对竞争品牌的产品或服务有兴趣和好感，就表明他对该品牌的忠诚度较低，反之，则说明他对该品牌的忠诚度较高。

6. 客户对产品质量的承受能力

任何服务或产品都有可能出现各种质量问题，即使是名牌产品也很难避免。如果客户对该品牌的忠诚度较高，当出现质量问题时，他们会采取宽容、谅解和协商解决的态度，不会由此而失去对它的偏好。相反，如果客户对品牌的忠诚度较低，当出现质量问题时，他们会深感自己的正当权益被侵犯了，从而会产生强烈的不满，甚至会通过法律的方式进行索赔。当然，运用这一指标时，要注意区别事故的性质，是严重事故还是一般事故，是经常发生的事故还是偶然发生的事故。

7.3 哪些因素影响客户忠诚

一般来说，影响客户忠诚的因素包括客户满意度、客户因忠诚能够获得多少利益、客户的信任和情感、客户是否有归属感、客户的转换成本、企业与客户业务联系的紧密程度、企业对客户的忠诚度、员工对企业的忠诚度、客户自身因素等。客户忠诚有时是单一因素作用的结果，有时是多个因素共同作用的结果。

7.3.1 客户满意度

客户忠诚度和满意度之间有着千丝万缕的联系。我们知道，客户满意度越高，客户的忠诚度就会越高；反之，客户满意度越低，客户的忠诚度就会越低。可以说，客户满意是推动客户忠诚最重要的因素。但是，客户满意与客户忠诚之间的关系没有那么简单，它们之间的关系既复杂又微妙。

1. 满意则可能忠诚

满意使重复购买行为变得简单易行，同时也使客户对企业产生依赖感。统计结果表明，一个满意的客户，是一个不满意的客户愿意继续购买企业的产品或服务的6倍。

根据客户满意的状况，可将客户忠诚分为信赖忠诚和势利忠诚两种。

（1）信赖忠诚。当客户对企业及其产品或服务完全满意时，往往表现出对企业及其产品或服务的"信赖忠诚"。信赖忠诚是指客户在完全满意的基础上，对使其从中受益的一个或几个品牌的产品或服务情有独钟，并且长期、指向性地重复购买的行为。

信赖忠诚的客户在思想上对企业及其产品或服务有很高的精神寄托，注重与企业的情感联系，寻求归属感。他们相信企业能够以诚待客，有能力满足客户的预期，对所忠诚企业的失误也会持宽容的态度。当发现该企业的产品或服务存在某些缺陷时，他们能谅解并且主动向企业反馈信息，但不影响再次购买。他们还乐意为企业做免费宣传，甚至热心地向他人推荐，是企业的热心追随者和义务推销者。

信赖忠诚的客户在行为上表现出指向性、重复性、主动性、排他性地购买。当他们想购买一种曾经购买过的产品或服务时，他们会主动寻找原来向他们提供过这一产品或服务的企业。有时因为某种原因没有找到其所忠诚的品牌，他们就会搁置需求，直到所忠诚的品牌出现。他们能够自觉地排斥"货比三家"的心理，能在很大程度上抗拒其他企业提供的优惠和折扣等诱惑，一如既往地购买所忠诚企业的产品或服务。

信赖忠诚的客户是高依恋的客户，他们的忠诚最可靠、最持久，他们是企业最宝贵的资源，是企业最基本、最重要的客户，也是企业最渴求的客户。他们的忠诚表明企业现有的产品和服务对他们而言是有价值的。

（2）势利忠诚。当客户对企业及其产品或服务不完全满意，只是对其中某个方面满意时，往往表现出对企业及其产品或服务的"势利忠诚"。例如，有些客户是因为"购买方便"而忠诚；有些客户是因为"价格诱人"而忠诚；有些客户是因为"可以中奖""可以打折""有奖励""有赠品"等而忠诚；有些客户是因为"流失成本太高"而忠诚，或者风险更大，或者实惠变少，或者支出增加等。

总之，"势利忠诚"是客户为了能够得到某些好处或者害怕遭受某些损失而长久地重复购买某一产品或服务的行为。一旦没有了这些诱惑或障碍，他们也就不再"忠诚"，很可能就转向其他更有诱惑的企业。可见，"势利忠诚"不是"真情实意"的忠诚，他们对企业的依恋度很低，很容易被竞争对手挖走。

因此，企业要尽可能实现客户的"信赖忠诚"，但是，如果无法实现客户的"信赖忠诚"（"信赖忠诚"往往不太容易实现），也可以退而求其次，追求实现客户的"势利忠诚"，这种忠诚对企业同样有价值、有意义，值得企业重视。

2. 满意也可能不忠诚

我们一般认为，满意的客户在很大程度上就是忠诚的客户，但实际上它们之间并不像人们所想象的那样存在着必然的联系。许多企业管理人员发现，有的客户虽然满意，但还是离开了。

《哈佛商业评论》报告显示，对产品满意的客户中，仍有65%～85%的客户会选择新的替代品，也就是说满意并不一定忠诚。一般来说，满意也可能不忠诚的原因大概有以下几种：客户没有因为忠诚而获得更多的利益，客户对企业的信任和情感不够深，客户没有归属感，客户的转换成本过低，企业与客户业务联系的紧密程度低，企业对客户的忠诚度低，员工对企业的忠诚度低，以及客户自身因素，如客户想换"口味"，丰富一下自己的消费经历，或者因为客户的采购主管、采购人员、决策者的离职等都会导致客户虽然满意但不忠诚。

3. 不满意则一般不忠诚

一般来说，要让不满意的客户忠诚的可能性很小，如果不是无可奈何、迫不得已，客户是不会"愚忠"的。例如，客户不满意企业污染环境，或不承担社会责任，或不关心公益事业等，或者企业对客户的投诉和抱怨处理不及时、不妥当，就会对企业不忠诚。

不满意的客户迫于某种压力，不一定会马上流失、马上不忠诚，但条件一旦成熟，就会不忠诚。

4. 不满意也有可能忠诚

不满意也有可能忠诚有两种情况，一种是"惰性忠诚"，另一种是"垄断忠诚"。

（1）"惰性忠诚"。"惰性忠诚"是指客户尽管对产品或服务不满意，但是由于本身的惰性而不愿意寻找其他供应商或服务商。对于这种忠诚，如果其他企业主动出击，让惰性忠诚者得到更多的实惠，还是很容易将他们挖走的。

（2）"垄断忠诚"。"垄断忠诚"是指在卖方占主导地位的市场条件下，或者在不开放的市场条件下，尽管客户不满，但因为别无选择，找不到其他替代品，不得已，只能忠诚。例如，市场上仅有一个供应商，或是政府指定的，或是通过兼并形成的寡头垄断，在这些垄断背景下，满意度对忠诚度不起什么作用——尽管不满意，客户也别无选择，因为他们根本没有"存有二心"的机会和条件。

虽然"惰性忠诚"和"垄断忠诚"能够给企业带来利润，企业可以顺势、借势而为，但是，切不可麻痹大意、掉以轻心，因为不满意的忠诚是靠不住的、很脆弱的，一旦时机成熟，这类不满意的客户就会毫不留情地离开。

从以上的分析来看，客户忠诚在很大程度上受客户满意的影响，但是并不绝对。满意的客户并不一定是忠诚的客户，因为他们可能受到某种诱惑或者迫于某种压力。一般来讲，客户不满意通常就不会忠诚，但是，有时尽管不满意也可能因为惰性或者迫于无奈而忠诚。所以，企业要想实现客户忠诚，除了让客户满意外，还要考虑影响客户忠诚的其他因素，需要其他手段的配合。

7.3.2 客户因忠诚能够获得多少利益

追求利益是客户的基本价值取向。调查结果表明，客户一般乐于与企业建立长久的关系，主要原因是客户希望从忠诚中得到优惠和特殊关照，如果能够得到，就会激发他们与企业建立长久的关系。可见，客户忠诚的动力是其能够从忠诚中获得利益。如果老客户没有得到比新客户更多的优惠，那么就会限制他们的忠诚，这样老客户会流失，新客户也不愿成为老客户。因此，企业能否提供忠诚奖励将会影响客户的持续忠诚。

然而，当前仍然有许多企业总是把最好、最优惠的条件提供给新客户，老客户的待遇还不如新客户，这其实是鼓励"后进"，打击"先进"，这将大大损害客户忠诚度。"衣不如新，人不如故"。一个人如果对待一个有十年交情的老朋友还不如新结识的朋友，那么有谁会愿意和这样的人做长久的朋友？其实，新客户的"素质"是个未知数，你不知道最后他们会带来什么，而老客户陪伴着企业历经风雨，是企业的功臣。如果一个企业连老客户都不珍惜，那又怎能令人相信它会珍惜新客户？！再新最终也会变旧，企业切不可喜新厌旧，否则只会让老客户寒心，受伤害的他们将不再忠诚。而新客户看到老客户的下场，也会望而却步，不愿加盟，因为老客户今天的境遇或下场就是新客户明天的境遇或下场！

所以，企业要废除一切妨碍和不利于客户忠诚的因素，要让老客户得到更多的实惠，获得更多的奖励，这样就会激励客户对企业忠诚。当然，利益要足够大，要能够影响和左右客户的忠诚行为。

7.3.3 客户的信任和情感

1. 信任因素

由于客户的购买存在一定的风险,因此,交易的安全感是客户与企业建立忠诚关系的主要动力之一。客户为了避免和减少购买过程中的风险,往往倾向于与自己信任的企业保持长期的关系。

有人说,当今客户与企业之间的关系如"与鲨鱼共泳"——缺乏信任。市场上确实有这样的企业,它们只追求眼前利益,"一切向钱看",不顾客户的感受,这种企业是不可能得到客户的信任的,而没有得到客户信任的企业肯定得不到客户的忠诚。

研究显示,信任是构成客户忠诚的核心因素,信任使重复购买行为的实施变得简单易行,同时也使客户对企业产生依赖感。

例如,衣蝶百货是一家只卖女性衣服的专卖店,服务策略是用周到的服务创造令人感动的体验。例如,它的洗手间会带给人喜出望外的体验,里面有高品质的护肤乳和香精。洗手台有专职的服务人员,清洁工作非常到位,没有水渍。为了防止马桶坐垫不卫生,衣蝶百货为顾客提供了自动胶膜,并提供女性个人隐私用品卫生棉。由于衣蝶百货站在女性的角度思考,方便了在外购物的女性,从而赢得了很多的忠诚顾客。

2. 情感因素

如今,客户购买行为的感情化倾向不断增强,情感对客户忠诚的影响越来越不能忽视,这是因为企业给予客户利益,竞争者同样也可以提供类似的利益,但竞争者难以攻破深度情感交流下建立的客户忠诚。

企业与客户一旦有了情感的交融,就会使其与客户之间从单纯的买卖关系升华为休戚相关的伙伴关系。当客户与企业的感情深厚时,他们就不会轻易背叛,即使受到其他利益的诱惑,也会考虑与企业感情的分量。

美国人维姬·伦兹（Vicki Lenz）在其所著的《情感营销》一书中也明确指出："情感是成功的市场营销唯一的、真正的基础，是价值、客户忠诚和利润的秘诀。"

加拿大营销学教授杰姆·巴诺斯（James Barnes）通过调查研究指出，客户关系与人际关系有着一样的基本特征，包括信任、信赖、社区感、共同目标、尊重、依赖等内涵，客户关系的本质是建立客户与企业之间的情感联系，企业只有真正站在客户的角度，给客户以关怀，与客户建立超越经济关系的情感关系，才能赢得客户的心，赢得客户的忠诚。

7.3.4 客户是否有归属感

假如客户具有很强的归属感，感到自己被企业重视、尊重，就会不知不觉地依恋企业，因而忠诚度就高。相反，假如客户没有归属感，感觉自己被轻视，就不会依恋企业，忠诚度也会低。

例如，星巴克最忠诚的客户每月去星巴克店的次数高达 18 次，他们把星巴克当作除居家和办公之外的第三场所，因为他们在星巴克体验到在别的地方无法体验到的情调和氛围。他们选择并持续使用一种产品和服务，除了因为能得到实实在在的性能和效用，还因为这种产品或服务是对他们身份的确认，他们还能从这种产品或服务中感受到某种情谊和归属感，甚至从其中获得某种精神上的提升。

穷游网保持客户黏性的手段是依靠其丰富实用的旅游咨询和服务，以及良好的社区氛围。穷游网将后台加工制作的集成式攻略单列为一个板块，将客户生成的攻略和客户之间的问答互动一起放入论坛板块。在论坛里面，游客只能够浏览帖子，不能回复，而注册客户则拥有自己的主页，可以发帖、上传照片、问答等，也可以与其他用户发私信。注册网友在穷游网上免费得到了其他网友提供的旅游信息，然后在自己亲身体验之后又到网站上分享自己的旅游经历……这样的循环往复，吸引了众多忠诚客户对穷游网的持续关注。

7.3.5 客户的转换成本

转换成本是指客户从一个企业转向另一个企业需要面临多大的障碍或增加多大的成本,是客户为更换企业所需付出的各种代价的总和。

转换成本可以归为以下三类:一类是时间和精力上的转换成本,包括学习成本、时间成本、精力成本等;一类是经济上的转换成本,包括利益损失成本、金钱损失成本等;还有一类是情感上的转换成本,包括个人关系损失成本、品牌关系损失成本。相比较而言,情感转换成本比另外两种转换成本更难以被竞争对手模仿。

转换成本是阻止客户不忠诚的一个缓冲力,如果客户从一个企业转向另一个企业,会损失大量的时间、精力、金钱、关系和感情,那么,即使目前他们对企业不是完全满意,也会三思而后行,慎重考虑,不会轻易背叛。

例如,企业实行累计优惠计划,频繁、重复购买的忠诚客户,就可以享受奖励,而如果中途背叛、放弃,就会失去眼看就要到手的奖励,并且原来积累的利益也会因转换而失效,这样就会激励客户对企业忠诚。

7.3.6 企业与客户业务联系的紧密程度

我们知道,在其他条件不变的情况下,如果两个物体的接触面非常光滑,摩擦系数很小,那么这两个物体彼此就很容易"滑溜";如果两个物体的表面粗糙,摩擦系数很大,那么这两个物体就没有那么容易"开溜"。这个时候,"摩擦阻力"就成了"牵挂"。

我们还知道,化学反应比物理反应稳定,那么如果两个企业之间的关系不是表面的关系,而是深层的、高级的关系,相互渗透的关系,那么双方分开就不是件容易的事了。

经验表明，客户购买一家企业的产品越多，对这家企业的依赖就越大，客户流失的可能性就越小，越可能忠诚。比如360安全公司通过网上智能升级系统，及时为使用其产品的客户进行升级，并且可免费下载一些软件，从而增强了客户的依赖性。

当客户在银行开立一个账户或者购买某一金融产品时，银行就应该努力争取为这个客户提供尽可能多的服务，从而加强与客户的关系。比如工商银行推出"旅游套餐"，包括个人旅游贷款、个人旅游支票、牡丹信用卡、牡丹灵通卡、牡丹中旅卡、异地通存通兑等"一揽子"金融服务，在客户旅游消费的全过程中维护并加强了其与客户的关系。

总而言之，企业与客户之间的合作关系是否紧密，企业提供的产品或服务是否渗透到客户的核心业务中，企业的产品或服务是否具有显著的独特性与不可替代性，决定了客户的忠诚度高低——如果是，客户对企业的依赖程度高，忠诚度也就高；反之，如果客户发现更好、更合适的企业，便会毫不犹豫地转向新的企业。

7.3.7　企业对客户的忠诚度

忠诚应该是企业与客户之间双向的、互动的，不能追求客户对企业的单向忠诚，而忽视了企业对客户的忠诚。正像宜家公司提出的那样："通过给予忠诚来获得忠诚。"

假如企业对客户的忠诚度高，一心一意地为客户着想，不见异思迁，不断为相对稳定的目标客户提供满意的产品或服务，就容易获得客户的信任甚至忠诚。相反，企业喜新厌旧、见异思迁、朝秦暮楚，不能持续地为相对稳定的目标客户提供满意的产品或服务，那么，客户的忠诚度就低。

7.3.8　员工对企业的忠诚度

研究发现，员工的满意度、忠诚度与客户的满意度、忠诚度之间呈正相关关系。这是因为，一方面，只有满意的、忠诚的员工才能愉快地、熟练地提供令客户满意的产品和服务；另一方面，员工的满意度、忠诚度会影响客户对企业的评价，进而影响其对企业的忠诚度。

有些客户之所以忠诚于某家企业，主要是因为与之联系的员工的出色表现，如专业、高效、娴熟的业务技能以及与他们建立的良好的私人关系。因此，如果这个员工离开了这家公司，客户就会怀疑该企业是否仍能满足他们的要求。

7.3.9 客户自身因素

以下几种客户自身因素也会影响客户的忠诚。

①客户面临某种诱惑。

②客户遭遇某种压力。

③客户需求出现转移。例如，客户原来喝白酒，现在注意保健而改喝葡萄酒了，这样，如果白酒生产企业不能及时满足客户新的需求（如供应葡萄酒），那么客户就不会继续忠诚。

④客户搬迁、成长、衰退、破产。

⑤客户重要当事人的离职、退休等。例如，客户的采购主管、采购人员、决策者的离职等都会导致虽然满意但不忠诚。

⑥客户"朝三暮四"。有的客户由于信念、性格等原因天生就没有忠诚感，习惯"朝秦暮楚""见异思迁"，要让这样的客户忠诚显然是非常困难的。

以上这些因素是客户本身造成的，是企业无法改变的客观存在。

7.4 怎样让客户忠诚

从以上影响客户忠诚的因素分析中我们知道，企业必须建立激励忠诚和约束流失的机制，双管齐下，这样才能实现客户忠诚。具体来说有以下8个方面。

7.4.1 努力实现客户完全满意

客户越满意,忠诚的可能性就越大,而且只有最高等级的满意度才能实现最高等级的忠诚度。可见,企业应当追求让客户满意,甚至完全满意。

例如,施乐公司在进行客户满意度的评估时发现,满意不仅与客户的再购买意愿相关,而且完全满意的客户的再购率是满意客户的6倍。为了追求客户完全满意,施乐公司承诺在客户购买产品后三年内,如果有任何不满意,公司保证为其更换相同或类似的产品,一切费用由公司承担,这样就确保了相当多的客户愿意持续忠诚于施乐。

至于怎样让客户满意的策略已经在第6章进行了阐述,这里不再赘述。

案例:联邦快递追求客户完全满意

早期,联邦快递将客户满意度和服务表现定义为准时送达包裹所占的百分数。而后,通过多年的客户投诉记录分析,联邦快递发现准时送达只是客户满意中的一个标准,还有其他因素影响客户满意。联邦快递总结出,客户满意包括应该避免的8种服务失败,具体是:送达日期错误;送达日期没错,但时间延误;发送遗漏;包裹丢失;对客户的错误通知;账单及相关资料错误;服务人员表现不佳;包裹损坏。

所以,联邦快递有两个宏伟目标:每一次交流和交易都要达到百分之百的客户满意;处理每一个包裹都要百分之百达到要求。联邦快递每天分别跟踪12个服务质量指标,从总体上衡量客户的满意度,另外,公司每年都要进行多次的客户满意度调查。多数服务机构在衡量客户满意度时,会将"有些满意"和"完全满意"的比例合二为一,但联邦快递却不这样。正是坚持了这样的服务标准,联邦快递成为美国历史上第一个在成立后的最初10年里销售额超过10亿美元的公司。

联邦快递追求客户完全满意的做法,换来的是客户对联邦快递的高度忠诚。

7.4.2 奖励客户的忠诚

我们知道，要让某人做某事，如果能够让他从做这件事中得到好处，那么，他自然就会积极主动地去做这件事，用不着别人引导或监督。

同样的道理，企业想要赢得客户忠诚，就要对忠诚客户进行奖励，奖励的目的就是让客户从忠诚中受益，让三心二意者受到鞭策，让客户因不忠诚而付出代价，从而使客户在利益的驱动下忠诚（哪怕是虚假忠诚、势利忠诚）。

1. 如何奖励

（1）采用优惠的办法促进客户长期重购多购。奖励客户忠诚的代表形式是频繁营销计划，它最早产生于 20 世纪 70 年代初，也被称为老主顾营销规划，指向经常或大量购买的客户提供奖励，目的是促使现有客户对企业忠诚。

奖励的形式有折扣、积分、赠品、奖品等优惠和好处。比如根据购买数量的多少、购买频率的高低实行价格优惠和打折销售，或者赠送其他价值相当的礼品、奖品等，或者实行以旧（产品）折价换新（产品），以此来表示对老客户的关爱，降低他们重复购买的成本。

例如，有家餐厅将客户每次用餐后结账的账目记录在案，自然，账目金额大的客户都是该餐厅的常客。到了年终，餐厅将纯利润的 10% 按客户总账目金额大小的比例向客户发放奖金。这项"利润共享"的策略，使得该餐厅天天客满。

又如，美国一家公司为了把它的咖啡打入匹兹堡市场，向潜在客户邮寄了一种代金券，客户每购一听咖啡凭代金券可享受 35% 的折扣，每听中又附有一张折价 20 美分的代金券，这样，客户就会不断地被这种小利小惠所刺激，从而对该产品保持长久的兴趣。

美国西南航空公司最早推出乘客在积累了一定的里程后可与自己的伴侣一起享受一次免费国内飞行的计划。这一计划一经推出便大获成功，许多公司纷纷效仿,也推出了各种各样的奖励计划,如美洲航空公司、西北航空公司和联合航空公司等都开发了频繁飞行计划,用来奖励忠诚的乘客。忠诚的乘客通过累积的里程数可获得折扣或者免费机票或者头等舱的高级座位。现在国内的航空公司也纷纷推出了自己的"常旅客计划"来奖励忠诚的乘客。

案例:银行的信用卡消费积分奖励计划

中国银行信用卡"月刷月缤纷"消费积分奖励计划。该消费积分奖励计划的目标是"使您在尽享消费乐趣的同时,轻松获得消费积分,换取丰富礼品,拥有更加精彩的人生",口号是"实现日行千里,遨游天际的梦想;拥有安全保障,出行畅快无忧;随时随地,尽情享受沟通乐趣;饱览异域风光,放飞自在心情"。推出的礼品有①礼品一:飞行里程奖励;②礼品二:豁免年费奖励;③礼品三:保险礼品;④礼品四:IP电话卡;⑤礼品五:旅游券。

澳门大西洋银行信用卡现金积分奖赏计划。其口号是:"把红利积分兑换为现金!"具体计划是:持卡消费即获可兑换现金的红利积分。比如信用卡持卡人累积至某一指定程度,便可自动免除来年年费,其余积分将自动兑换为现金,并存入持卡人信用卡账户内。

汇丰银行"轻松好礼"积分计划。汇丰银行信用卡持卡人,以信用卡消费累积的红利积分兑换或换购礼品、机票飞行里程积点。主卡持卡人行使兑换权利时可以兑换或换购的项目包括:①换购特定商品(商品项目数量由汇丰银行随时选定并备制目录寄送持卡人);②参加航空公司里程优惠计划;③抵扣白金卡年费。

(2)提供奖励忠诚的其他配套措施指特权、优待、机会、荣耀等物质利益以外的利益。

例如,为了提高分销商的忠诚度,企业可以采取以下措施。

第一，授予分销商独家经营权。如果能够作为大企业或名牌产品的独家经销商或者代理商，可以树立分销商在市场上的声望和地位，有利于提高分销商的积极性和忠诚度。

第二，为分销商培训销售人员和服务人员。特别是当产品技术性强，推销和服务都需要一定的专门技术时，这种培训就显得更加重要。美国福特汽车公司在向拉美国家出售拖拉机的过程中，为其经销商培训了大批雇员，培训内容主要是拖拉机和设备的修理、保养和使用方法等。此举使福特公司加强了与其经销商的关系，提高了经销商在拖拉机维修服务方面的能力，也迅速扩大了福特公司拖拉机的经销量。

第三，为分销商承担经营风险。如某企业明确表态：只要分销商全心全意地经营本企业的产品，就保证不让其亏本；当产品涨价时，对已开过票但还没有提走的产品不提价；当产品降价时，分销商已提走但还没有售出的产品，按新价格冲红字。这样分销商就等于吃了定心丸，敢于在淡季充当蓄水池，提前购买和囤积，使企业的销售出现"淡季不淡，旺季更旺"的局面。

第四，为分销商提供信贷援助。比如允许延期付款、赊购，当分销商规模较小或暂时出现财务困难时，这种信贷援助就显得更为宝贵。

第五，企业出资做广告，也可以请分销商在当地做广告，再由企业提供部分甚至全部资助，以及提供互购机会，既向分销商推销产品又向分销商购买产品。

2. 奖励应注意的问题

首先，客户是否重视本企业的奖励。如果客户对奖励抱着无所谓的态度，那么企业就不必花"冤枉钱"。

其次，不搞平均主义，要按贡献大小区别奖励。也就是说，企业要对贡献大的忠诚客户给予更多的奖励。

再次，不孤注一掷，要细水长流。要注重为客户提供长期利益，因为一次性促销活动并不能产生客户忠诚，而且还浪费了大量的财力，即使促销有效，竞争者也会效仿跟进。因此，企业要考虑自己是否有能力对客户持续进行奖励，能否承受奖励成本不断上升的压力，否则，就会出现尴尬的局面——坚持下去，成本太高；取消奖励，企业信誉会受影响。

最后，奖励是否出于真诚，是否注重效果。奖励效果一般由现金价值、可选择的奖品类别、客户渴望的价值、奖励方法是否恰当、领取奖励是否方便等因素决定。

例如，德士高的"俱乐部卡"的积分规则十分简单易懂，客户可以从他们在德士高俱乐部消费的数额中得到1%的奖励，每隔一段时间，德士高就会将客户累积的奖金换成"消费代金券"，邮寄到消费者家中。这种方便实惠的积分卡吸引了很多家庭的兴趣。据德士高自己的统计，俱乐部卡推出后的前6个月，在没有任何广告宣传的情况下，就取得了17%左右的"客户自发使用率"。为此，德士高的"俱乐部卡"被很多海外商业媒体评为"最善于使用客户数据库的忠诚计划"和"最健康、最有价值的忠诚计划"。

3. 奖励计划的弱点

首先，未能享受奖励计划的客户可能对企业产生不满。

其次，企业之间的奖励计划大战使客户享受到越来越多的优惠，客户的预期也因此越来越高，企业为了迎合客户的预期所投入的奖励成本也会越来越高。

最后，由于奖励计划操作简单，很容易被竞争者模仿。如果多数竞争者加以效仿，奖励计划会趋于雷同，结果企业提高了成本却不能形成相应的竞争优势，反而成为企业的负担。但是，企业又不能轻易中断这些计划，因为一旦停止就会造成竞争劣势。于是，企业面临一个恶性循环：奖励计划—初显成效—大量仿效—失去优势—新的奖励计划……企业成本不断上升，但成效甚微，最多也只是获得虚假忠诚的客户。

7.4.3 增强客户的信任与感情

1. 增强客户的信任

一系列的客户满意产生客户信任，长期的客户信任形成客户忠诚。企业要建立高水平的客户忠诚，还必须把焦点放在赢得客户信任上，而不仅是客户满意上，并且要持续不断地增强客户对企业的信任，这样才能获得客户对企业的忠诚。

有些企业试图通过"搞关系""走后门"来"搞定"客户，但事实上，客户清楚，"搞关系""走后门"都带有赤裸裸的目的，凡事若以利始，便难以义终。所以，"搞关系""走后门"无法获得客户信任，无法获得长期而稳定的客户关系，客户关系随时存在土崩瓦解的可能。

那么，企业怎样才能增加客户的信任呢？

第一，要牢牢树立"客户至上"的观念，想客户所想，急客户所急，解客户所难，帮客户所需，企业提供的产品与服务确实能够满足客户的需要。

第二，要提供广泛并值得信赖的信息（包括广告），当客户认识到这些信息是值得信赖并可接受的时候，企业和客户之间的信任就会逐步产生并得到强化。

第三，要重视客户可能遇到的风险，然后有针对性地做出保证或承诺，并切实履行，以减少他们的顾虑，从而赢得他们的信任。

第四，要尊重客户的隐私，使客户有安全感，进而产生信赖感。

第五，要认真处理客户投诉，如果企业能够及时、妥善地处理客户的投诉，就能够赢得客户的信任。

例如，"为客户创造最大的营运价值"是沃尔沃卡车公司始终追求的目标，当每做一笔销售时，沃尔沃的工作人员都要为用户量身定做一套"全面物流解决方案"，算运费、算路线、算效率，甚至算到油价起伏对盈利的影响。精诚所至，金石为开，客户当然会将信任的眼光投向沃尔沃卡车公司，并成为其忠诚的客户，沃尔沃公司得到的回报是节节攀升的盈利。

又如，医院可对患者建立健康档案或者患者信息资料库，对患者的生日、病情、出院时间等做详细记录，并在营销部门下创建随访中心，负责与患者保持长期的联系。这样，当患者出院后医院仍然可以和他们取得联系，了解他们的健康状况，给他们送去慰问和祝福，征求他们对医院工作的意见和建议，让患者感受到医院对他们的关心，这样才能获得患者对医院的信任。另外，医院的社会知名度和公众美誉度也直接影响患者的信任，因此，医疗机构需注重医院的形象宣传，积极参与社会公益活动。比如定期开展义诊、医疗保健知识宣传、居民体检等活动，以及邀请居民参观等，从而树立医院良好的社会公众形象。此外，品牌能给人们以信赖的感受，因此，医院要重视品牌建设，可通过塑造人员品牌、技术品牌、服务品牌、设备品牌、环境品牌，来增进患者对医院的信赖程度，唤起其忠诚倾向。

2. 增强客户的感情

没有留不住的客户，只有不会留客的商家！建立客户忠诚说到底就是赢得客户的心。联邦快递的创始人弗雷德·史密斯有一句名言："想称霸市场，首先要让客户的心跟着你走，然后才能让客户的腰包跟着你走。"

因此，企业在与客户建立关系之后，还要努力寻找交易之外的关系，如加强与客户的感情交流和感情投资，这样才能巩固和强化企业与客户的关系。那么，如何增强客户对企业的情感牵挂呢？

（1）积极沟通，密切交往。企业应当积极地与客户进行定期或不定期的沟通，进行拜访或者经常性的电话问候，了解他们的想法和意见，并邀请他们参与到企业的各项决策中，让客户觉得自己很受重视。

对于重要的客户，企业负责人要亲自接待和登门拜访，努力加深双方的情感联系，并且发展联盟式的客户关系。在客户的重要日子（如生日、结婚纪念日、职务升迁、乔迁之喜、子女上大学、厂庆日等），采取恰当的方式予以祝贺，如寄节日贺卡、赠送鲜花或礼品等，让客户感觉到企业实实在在的关怀就在身边。

例如，汽车销售大王乔·吉拉德在他经销汽车的10多年间，每个月给客户寄一张不同款式的、像工艺品那样的精美卡片，为此他每月要寄出1.3万多张卡片，而客户会将这些卡片长期保存，并视他为亲密的朋友。

此外，企业可以邀请客户参加娱乐活动，如打保龄球、观赏歌舞、参加晚会等，过年过节时举行客户游园会、客户团拜会、客户酒会、客户答谢会等显示客户尊贵地位之类的活动，喝喝茶、喝喝酒、唱唱歌，再读一封热情洋溢的感谢信，也可以增进客户对企业的友情，强化关系。

例如，玛贝尔（MaBelle）钻饰是香港利兴珠宝公司推出的大众钻饰品牌，自成立以来已经在香港开设了46家分店，成为深受时尚人士青睐的钻饰品牌。玛贝尔经常为"VIP俱乐部"会员安排与钻饰无关的各种活动，如母亲节为妈妈们准备的"母亲节Ichiban妈咪鲍翅席"，情人节为年轻情侣筹办浪漫的"喜来登酒店情人节晚会"，为职业和兴趣相近的会员安排的"酒店茶点聚餐"，以及节假日为年轻会员安排的"香港本地一日游"。香港的生活节奏非常快，人们学习工作很紧张，人际交往比较少，这些活动不但给会员带来了难忘的生活体验，还帮助他们开拓了交际圈，使他们通过俱乐部结识了不少朋友。很多会员参加过一些活动后，不但自己成为玛贝尔的忠诚客户，而且邀请自己的亲友也加入玛贝尔的俱乐部。

（2）超越期待，雪中送炭。沃尔顿常对员工说："让我们以友善、热情对待客户，就像在家里招待客人一样，让他们感觉到我们时刻都在关心他们。"

生活中我们常说"将心比心，以心换心"，企业与客户之间特别需要这种理解与关心，当企业为处于危困之中的客户"雪中送炭"时，那么很可能为自己培养了未来的忠诚客户。

在"非典"时期，一个问候电话、一条防治SARS的短信、一剂中药、一瓶消毒液、一打口罩，都能帮助企业与客户建立深厚的感情。

如今，客户对酒店的要求越来越高，尤其是老客户，他们不希望每次用餐都要重复做一些相同的事情，如回答"喝点什么酒""吃些什么菜"等这样的老问题。因为这会使老客户感到自己是酒店的陌生人，心中自然不快。如果酒店能够做到对老客户喜欢喝的酒、吃的菜都记得一清二楚，那么就会使老客户有"在家的感觉"，也就能够提升老客户的满意度和忠诚度。

新加坡东方大酒店实施了一项"超级服务"计划，就是服务人员要尽可能地满足客户的需要，不管是否属于其分内的事。有一天，酒店咖啡厅来了四位客人，他们一边喝咖啡，一边拿着文件在认真地商谈问题，但咖啡厅的人越来越多，嘈杂的人声使得这四位客人只好大声说话。受过"超级服务"训练的服务员觉察到这一点，马上向客房部打电话，询问是否有空的客房可以借给这四位客人临时一用，客房部立即答应提供一间。当这四位客人被请到这间免费的客房并知道这是为了让他们有一个不受干扰的商谈环境时，他们对这样好的"超级服务"感到难以置信。事后他们在感谢信中写道："我们除了永远成为您的忠实客户之外，我们所属的公司以及海外的来宾，将永远为您做广告宣传。"

📚 案例：华为的"客户心"

通信产业会因为技术标准、频率波段不同而衍生出不同的产品，一个电信商为了满足消费者，可能需要用到三种技术标准，采购三套不同的机台，其中安装与后续维修费用，甚至高过单买机台本身。从制造商的角度考虑，当然希望客户买更多套产品，赚取更多的服务费。这个算盘连小学生都会打，但华为公司走了一条逆向的路：我来帮客户省钱！华为反过来站在电信商的角度思考，主动研发出把三套标准整合在一个机台的设备，帮客户省下了50%的成本。

一般派四五个工程师到客户端驻点就算是大手笔了，华为却可以一口气送上一个12人的团队，与客户一起讨论，研发出最适合的产品。若产品出问题，即使地点远在非洲乞力马扎罗火山，华为也是一通电话立刻派工程师到现场，与客户一起解决问题，不像其他企业为了节省成本，多半用远端视频遥控的方式。

"你们要脑袋对着客户，屁股对着领导。"这是任正非反复对下属说的话。他认为，大部分公司会腐败，就是因为员工把力气花在讨好主管，而非思考客户需求上。因此，他明文禁止上司接受下属招待，就连开车到机场接机都会被他痛骂一顿："客户才是你的衣食父母，你应该把时间和力气花在客户身上！"

总之，企业只有通过对客户的理解、体贴及人性化的经营，真心付出、以诚相待，才能增强客户的信任与情感，才能与客户建立长期友好的关系。

7.4.4 建立客户组织

建立客户组织可使企业与客户的关系正式化、稳固化，使客户感到自己有价值、受欢迎、被重视，从而使客户产生归属感，从而有利于企业与客户建立超出交易关系的关系。客户组织还会使企业与客户之间由短期关系变成长期关系，由松散关系变成紧密关系，由偶然关系变成必然关系。因此，建立客户组织是巩固和扩大市场占有率、稳定客户队伍的一种行之有效的办法。

例如，上海益民商厦设立了"客户假日俱乐部"，每周六举办产品知识讲座，内容涵盖电脑、黄金珠宝、皮革等产品的性能、使用和保养等知识，受到了消费者的欢迎。商厦还设立了"老客户联谊会"，建立了老客户档案，经常为他们寄发产品信息资料，过节时还邀请他们参加聚会，并听取他们的意见，从而牢牢地"拴住"了一大批忠诚的客户。

上海华联商厦让持有"会员卡"的客户在商厦购物享受一定的折扣，并根据消费金额自动累积积分；会员还可通过电话订购商厦的各种产品，不论大小，市区内全部免费送货上门，对电视机、音响等产品免费上门进行调试，礼品实行免费包装。商厦还注意倾听会员的意见和建议，不定期地向会员提供产品信息和市场动态等各种资料，会员生日还能收到商厦的祝福贺卡及小礼物。

国外一家著名化妆品公司组建了客户俱乐部，该俱乐部规定：凡是老客户，每年可以免费美容若干次，购买产品可以享受优惠，介绍新客户参加俱乐部，还能获得一定的奖励。因此，该公司形成了一支几百万人的忠诚客户队伍。

又如，张裕公司发现国内葡萄酒高端客户正在逐步增长和成熟，认为有必要先人一步发现这些高端客户，然后通过提供高品质的新产品、个性化的服务与文化附加值来留住他们。设立张裕·卡斯特VIP俱乐部就是为了实现这一目标，目前它是国内首个由葡萄酒厂商创办的高级酒庄俱乐部，旨在长期专注于为高端红酒消费群提供专业的会员服务以及专有交流空间。体验式营销是俱乐部的最大特色之一，近百名来宾在张裕·卡斯特酒庄首席国际品酒顾问克瑞斯的指导下，一边欣赏葡萄酒的色泽和清亮度，一边轻摇酒杯，俯身贴鼻，让葡萄酒的香味扩散至全身，亲身体验葡萄酒文化的熏陶。除了会员关系管理、一对一体验式的会员活动这些常规服务外，张裕·卡斯特VIP俱乐部还有一本会员刊物《葡萄酒鉴赏》，能为读者提供葡萄酒鉴赏指导，同时实现个性化服务以及文化附加值的功能。张裕发言人表示，个性化服务与文化附加值是目前国际上通行的葡萄酒营销模式，张裕就是要趁洋品牌在中国展开"真刀实枪的竞争"前尽快与国际接轨，并抢先占据中国葡萄酒文化的创造者和引领者的地位。

海尔集团在全国50多个城市成立了海尔俱乐部，凡购买海尔产品总量达到会员资格要求的客户都可以成为海尔俱乐部的会员。海尔俱乐部依据客户的不同贡献将会员分为准会员、会员、金卡会员，并确定不同会员享有不同的权利。海尔通过俱乐部这种特殊的渠道对客户进行情感投资，如每年给会员过生日，会员可享受延长保修期5年的待遇，会员可应邀参加俱乐部定期组织的文体活动，并可获赠半年当地报纸等一系列优惠。事实表明，海尔俱乐部增进了海尔与客户的情感交流，使海尔的企业文化与品牌形象深入人心，不仅提高了会员的忠诚度，而且在促使准会员向会员发展的过程中使客户关系增值。

再如，美国哈雷摩托车公司建立客户俱乐部后，公司每年向会员提供一本杂志（介绍摩托车知识、报道国际国内骑乘赛事）、一本旅游手册，并且提供紧急修理服务、保险项目等，俱乐部还经常举办骑乘培训班和周末骑车大赛，以及向度假会员廉价出租本公司的摩托车，这些措施都大大促进了会员对公司的忠诚。

沃尔玛山姆会员店也实行会员制经营，会员可享受各种免费和优惠的服务，虽然利润率调低了一些，但实行会员制给沃尔玛带来了许多利益。首先，以组织约束的形式，把大批不稳定的客户变成了稳定的客户，客户忠诚的时间大大延长，客户忠诚度也显著提高。其次，会员长期在山姆会员店购物，很容易产生购买习惯，从而培养了客户的品牌忠诚，也培育了稳定的客户队伍。最后，会费虽对于个人来说是一笔小数目，但对于会员众多的山姆店来说，却是一笔相当可观的收入，往往比销售的纯利润还多，同时会费也在一定程度上构成了客户转换购买的壁垒。总之，实行会员制使得沃尔玛的客户维系成本降到了最低水平，同时又实现了客户的高度忠诚。

同样，迪士尼也把客户俱乐部当作创造和维护良好客户关系的战略武器，600万迪士尼乐园优惠卡的持有者能够得到一份特别的杂志，在购买门票和商品时可以打折，与迪士尼的合作伙伴（如达美航空公司和一些汽车租赁公司）交易时，也可以享受特定优惠。迪士尼还经常与俱乐部会员交流，鼓励他们及其家人经常到迪士尼乐园游玩。总之，客户俱乐部使迪士尼获得了大批忠诚和稳定的客户。

案例："万客会"是"聚客"会

"深圳万科地产客户俱乐部"（简称万客会），通过会刊、网页、活动邀请函等，以多种方式和会员维护联络，会员发现感兴趣的信息，就会主动关注，前往参加活动。万客会的会员不仅是万科业主，还包括对万科感兴趣的个人、单位或组织，这与别的发展商组织的会员俱乐部不一样。万客会真正实现了创立时的初衷，"与万科老客户，或想成为万科的客户，或不想成为万科的客户但想了解万科的消费者交流沟通"。

为吸引客户眼球，深圳地产界开始热衷于促销，卖房子送宝马汽车、"一纸博士文凭可获万元优惠"等各类新招层出不穷。而此时，深圳万科地产有限公司却推出了"万客会"，在地产界率先推出了"忠诚计划"，无论性别、国籍，均可入会，不收取任何费用，条件是填写一份包括职业、年薪等情况的个人资料和现居住状况、购房置业理想的问卷。

万客会为会员提供了近十项优惠，包括提前收到万科地产最新推出的楼盘资料和售楼全套资料；可以优先安排选购房产、选择朝向、挑选楼层；可以自由选择参加万客会举办的各类公众社会活动，享用万客会精选商号提供的购物折扣和优惠价格等。

最早，本着为会员谋取更多利益的原则，万科地产除了一系列优惠，还向会员赠送管理费，引起其他会员组织相继效仿。实施一段时间后，万客会抛弃了这种做法，后又推出了欢笑积分计划——会员在推荐亲友购买万科物业时享有推荐购房积分奖励，入会满一年的资深会员购买万科物业时享有购房特别积分奖励，成为业主会员再次选购万科物业时，还可享有老业主重购房特别积分奖励。根据会员积分等级的不同，万客会为会员提供了欢笑分享之旅、现金等礼品。

为了给会员提供更多的增值服务，成立之初，万客会与一些商家结成联盟，会员凭会员卡在特约商户消费时可以享受独特的会员价格。这不仅是为会员提供实实在在的优惠，更是会员入会后的尊贵象征。

在商家的选择上，万客会有自己的标准：第一，守法经营；第二，品牌、形象有一定的社会知名度，在其行业的地位与万科在房地产行业的地位相匹配；第三，商品明码实价，而万客会会员享受的的确是独特的会员价。万客会对于商家挑选的过程及后期的评估非常严格，入选的商家也并非终身连任。

万客会精选的商家最初几乎都与房地产行业密切相关，如家居、装修、装饰等，现在则衣、食、住、行样样皆全。万科集团与中国银行联合策划了全国联名信用卡推广计划，并在北京率先实施。对于北京万科三个项目的业主来说，这张卡除了具有长城信用卡的所有功能外，还由于嵌入了智能卡芯片，可作为万科门禁系统的钥匙，充当识别万科业主身份的智能卡。业主所持有的联名卡可以代缴物业管理费等多种生活费用，为他们减去了许多日常生活中的烦琐事务。联名卡使万科业主在中国银行享有"中银理财"优惠服务，亦使其在中国银行与万科指定的特约商户享有消费打折优惠。另外，万科将其全球建材战略供应商纳入联名卡合作范围，邀请了包括科勒、多乐士、西门子、丹丽等公司在内的知名企业共同为持卡人提供产品优惠服务，算得上是家居生活"一卡通"。

7.4.5 提高客户的转换成本

一般来讲，如果让客户在更换品牌或企业时感到转换成本太高，或让客户原来所获得的利益因为更换品牌或企业而遭受损失，或者将面临新的风险和负担，就可以加强客户的忠诚。

例如，软件企业一开始为客户提供有效的服务支持，包括提供免费软件、免费维修保养及事故处理服务等，并帮助客户学习如何正确地使用软件。那么，一段时间以后，客户学习使用软件所花的时间、精力将会成为一种转换成本，使客户在别的选择不能体现明显的优越性时自愿重复使用，成为忠诚客户，不会轻易转换。如亚马逊网上书店具有基于历史交易数据的客户需求推荐系统及积分系统，客户能够从中获益，如果客户转向另一网上书店，就将损失其在亚马逊书店的交易积累和大量交互点击的投入，失去本来可以得到的利益，这样就会使客户选择留下。

案例：德士高提高客户转换成本

德士高为女性购物者和对健康很在意的客户特别推出了"瘦身购物

车"。这种推车装有设定阻力的装置，客户可自主决定推车时的吃力程度，阻力越大，消耗的卡路里就越多。在推车购物过程中，客户的手臂、腿部和腹部肌肉都会得到锻炼，相当于进行一定时间的慢跑或游泳。手推车上还装有仪器，可测量使用者的脉搏、推车速度与时间，并显示出推车者消耗的热量。这种"瘦身购物车"的造价是普通推车的7倍，但它受到了客户的热烈欢迎，因为他们得到了其他商场没有提供的"健身服务"，这也成为一种客户转换成本。

此外，德士高将超市中客户经常购买的商品分为50种类别，每种类别和消费者的一种生活习惯和家庭特征相对应，如"奶粉、尿片等类别"代表年轻父母，"水果、蔬菜类别"代表健康的生活习惯。德士高通过客户在付款时出示"俱乐部卡"，掌握了大量翔实的客户购买习惯数据，了解每个客户每次采购的总量，主要偏爱哪类产品，产品使用的频率等。通过软件分析，德士高将这些客户划分成十多个不同的"利基俱乐部"，比如单身男人的"足球俱乐部"、年轻母亲的"妈妈俱乐部"等。"俱乐部卡"的营销人员为这十几个"分类俱乐部"制作了不同版本的"俱乐部卡杂志"，刊登最吸引他们的促销信息和其他一些他们关注的话题。一些本地的德士高连锁店甚至还在当地为不同俱乐部的成员组织了各种活动。现在，利基俱乐部已经成为一个个社区，大大提高了客户的情感转换成本，成为德士高有效的竞争壁垒。

此外，客户参与及客户定制的产品或服务在增加客户满意度的同时，也增加了客户的特定投入，如时间、精力、感情等，即增加了转换成本，因而能够增加他们的退出障碍，从而有效地阻止客户的叛离。

案例："米粉"因参与而忠诚

参与感是提升品牌黏性和忠诚度的重要手段。雷军曾经说过："从某种程度上讲，小米贩卖的不是手机，而是参与感。"

小米手机不仅将用户视为产品的使用者，在开发者眼中粉丝也极有可能成为小米手机的开发者，因此，在产品设计过程中，小米手机创新性地引入了用户参与机制，给予发烧友用户参与产品创造和改进的机会，并且积极采纳海量的用户意见进行软件设计和更新，与粉丝一起做好的手机。

在小米手机论坛，每周都能读到数千篇顾客反馈的帖子，其中不乏来自粉丝的深度体验报告和心得。在部分重要功能的设计和确定上，小米手机的工程师们充分挖掘并利用隐藏在论坛中的强大的粉丝力量，通过网络问卷调查及投票的方式征询顾客的意见。在小米每周更新的四五十甚至上百个功能中有1/3就是来源于"米粉"。借助微博、微信和论坛的力量使粉丝与手机开发者完成零距离互动，在娱乐化的互动过程中也增强了粉丝对产品和品牌的信任。

另外，小米手机从产品研发、营销、传播、服务各个环节充分激发粉丝的自组织参与和创造，先推出手机开发论坛"MIUI"，招募100个智能手机发烧友参与功能研发，再以这100个种子用户为中心逐步向外扩充，招募1000个测试用户、1万个体验用户，进行新功能的测试体验和反馈，再带动10万忠实粉丝和百万千万普通粉丝的口碑营销与持续消费。

小米手机以"和米粉做朋友"为己任，一方面以MIUI论坛为平台聚集粉丝参与开发和传播，不断激发和满足粉丝的需求，不断升级产品，保持粉丝参与热度；另一方面充分利用社交互动进行营销服务，实时响应粉丝反馈，提供精细化服务体验，强化粉丝对小米品牌的参与度、认同感和忠诚度，从而使小米品牌在智能手机的红海大战中异军突起。

小米手机这种将终端消费者的参与融入产品设计过程中的做法使得"米粉"们因自身的参与而加深了对小米的牵挂和忠诚。

另外，采取成套礼品等方法，如机票的贵宾卡、超市的积分卡以及快餐店的组合玩具等，也可以提高客户的转换成本，因为客户一旦转换就会损失里程奖励、价格折扣、集齐玩具等利益，这样就可以将客户"套牢"，使客户从主观上尽量避免转换而尽可能地忠诚。

📚 案例：COSTA 的打折卡

当你走进 COSTA 咖啡店点了一杯 36 元的拿铁咖啡，正准备付款时，服务员告诉你："先生，这杯价格 36 元的咖啡，你今天可以免费得到。"

此时你一定会问："怎么得到？"

服务员接着说："很简单，你办理一张 88 元的打折卡，这杯咖啡今天就是免费的了，并且这张卡全国通用，任何时候到 COSTA 咖啡消费，都可以享受 9 折优惠。"

调查表明，有 70% 左右的客户都会购买这张打折卡。此策略乃是一箭双雕之计。

一是扩充消费者第一次消费的单价。对于用户来说，咖啡的价值是 36 元，办一张打折卡 88 元，送一杯咖啡，然后这张卡以后还可以持续打折，挺好的。但是，真实的情况是多花了 53 元，因为打折是建立在消费的基础上，你不消费，这张卡对你就没有任何用处，就算消费那也是给商家持续贡献利润。

二是锁住消费者。当响应了 COSTA 咖啡的主张之后，你获得了一张打折卡，就在你办卡的一瞬间，其实商家已经锁定了你的消费。由于 COSTA 咖啡与星巴克咖啡定价接近，当你下一次要喝咖啡的时候，因为有这张打折卡，你基本不会考虑星巴克。

当然，企业还可以通过与客户签订合作协议或者合同来提高客户的转换成本，那么，一般情况下，在协议期限内客户将不会轻易违约、断交，否则他将按照合作协议的违约条款承担责任。

7.4.6 加强业务联系，提高不可（易）替代性

1. 加强业务联系

加强业务联系是指企业渗透到客户的业务中，双方形成战略联盟与紧

密合作的关系。

假如企业能够向客户提供更多、更宽、更深的服务，如为客户提供生产、销售、调研、管理、资金、技术、培训等方面的帮助，与客户建立紧密的联系，就可以促进客户忠诚。

例如，企业可以通过以下两个方面来促进零售终端客户的忠诚。一是向终端提供销售支持，包括向终端提供广告支持；向终端提供产品展示陈列、现场广告和售点促销等助销支持；人员支持，派驻促销、驻点促销（某些店）；向终端提供销售工具和设备援助，比如免费提供货架等；及时送货，保证货源，随时掌握终端的合理库存，并且及时补货；协助终端将产品上架，并做好理货和维护工作；及时退换货，调整终端的滞销库存；做好售后服务，及时主动地处理好顾客的抱怨与投诉；经常与终端沟通，及时解决他们在销售中遇到的困难和问题。二是向零售终端提供经营指导，如在店铺装潢、商品陈列、合理库存、提升销量、节省费用、增加利润、广告策划和促销方面，给终端以指导和辅导；针对终端经营中的问题提出一些合理化建议，从而帮助终端增强销售力和竞争力，提升整体经营水平。企业做好以上这两个方面将大大促进零售终端对企业的忠诚。

宝洁的成功在很大程度上得益于其"助销"理念——帮助经销商开发、管理目标区域市场。宝洁提出了"经销商即办事处"的口号，就是要全面"支持、管理、指导并掌控经销商"。宝洁每开发一个新的市场，原则上只物色一家经销商（大城市一般2～3家），并派驻一名厂方代表。厂方代表的办公场所一般设在经销商的营业处，他肩负着全面开发、管理该区域市场的重任，其核心职能是管理经销商及经销商下属的销售队伍。为了提高专营小组的工作效率，一方面宝洁不定期派专业销售培训师培训，内容涉及公司理念、产品特点及谈判技巧等各个方面；另一方面，厂方代表必须与专营小组成员一起拜访客户，不断进行实地指导与培训。同时，为了确保厂方代表对专营小组成员的全面控制和管理，专营小组成员的工资、奖金，甚至差旅费和电话费等全部由宝洁提供。厂方代表依据销售人员的业绩，以及协同拜访和市场抽查结果，确定小组成员的奖金额度。宝洁通过"助销"行动加强了与经销商的关系，也使经销商对宝洁公司更加忠诚。

📚 案例：利乐公司通过促进客户的成长实现客户的忠诚

利乐公司不仅是全球最大的奶制品、果汁、饮料等包装系统供应商之一，而且是全球唯一能够提供综合加工设备、包装和分销生产线，以及食品生产全面解决方案的跨国公司。现在，利乐包装不仅适用于液态食品，还适用于冰激凌、奶酪、脱水食品、水果、蔬菜与宠物食品等诸多方面，截至2019年4月，利乐在全球共有77家销售公司。

"好的包装所带来的节约应超过其成本。"公司创始人鲁宾·劳辛（Ruben Rausing）博士的这句话引导着利乐为全球食品安全、营养和便利而不断创新。在开拓市场、与客户携手共进的同时，积极倡导并不断实践企业的社会责任。"利民之业，乐而为之"。正是凭借这样一种精神和价值取向，利乐得以在世界食品加工和包装，特别是无菌纸包装领域始终维持领导地位。

在利乐看来，利乐提供给客户的是整体的解决方案，而不仅仅是设备或者包材，是远远大于包装（more than the package），甚至不仅仅是服务。为了给客户提供生意的解决方案，利乐提供给客户的增值服务是非常全面的，客户买到的也不仅是"利乐"的产品和服务，而是一种"成长素"——拥有"利乐"，就拥有成长。

比如，利乐在中国市场采用了先进的关键客户管理系统，利乐的技术设备专家、包装设计人员、市场服务人员甚至财务经理都与客户维持紧密的联系，共同深入生产和市场一线，在设备引进、产品开发、技术培训、市场信息、营销体系构建、新品上市的全过程中积极投入，帮助本地客户队伍发展壮大。难怪在中国液态奶常温无菌纸包装市场上，"利乐"是绝对的老大，市场份额可能达到95%。

现代企业的竞争越来越依赖整个营销网络的竞争，要为客户创造价值，不是靠供应商、制造商、零售商单打独斗，而是整个供应链的合作共赢。正如利乐中国总裁李赫逊所说："在利乐看来，企业要想获得长久的生命力，离不开产业链的和谐发展，只有产业链和谐了，链条中的各个环节才能实现共赢。这种互相依存和促进的关系就需要企业跳出'各家自扫门前雪'的框框，把为产业链做贡献看成是自己的责任。"

利乐公司的设备都是成套销售的，而且价格很高。客户若投资一套利乐枕式液态奶生产线，一次性需投入几百万元人民币，这对于一家乳品企业而言是一个很大的投资项目。因而，先期发展较慢。利乐公司经过调查发现，很多相关企业对这种设备及产品包装相当感兴趣，只是觉得一次性投资太大，资金上有困难。

针对这一情况，利乐公司提出了"利乐枕"的设备投资新方案：客户只要拿出20%的款项，就可以安装成套设备投产。而以后四年中，客户只要每年订购一定量的包材，就可以免交其余80%的设备款。这样客户就可以用这80%的资金去开拓市场或投资其他项目。

利乐公司这一投资方案一出台，客户就迫不及待地争先签订合同，从而使利乐设备迅速扩大了市场份额，成了所有牛奶生产厂家的投资首选。由于厂家减少了投资额，可以有大部分资金来开拓市场，投入广告，积极参与公益活动，引导消费，这样一来消费者很快接受了"利乐枕"这种包装形式，市场局面一下子打开了，市场激起一股强劲的"利乐枕"风。利乐公司这一设备投资方案既赢得了客户和消费者，同时也提升了自身的企业形象。

就是这样，利乐在输出一流产品的同时，也输出企业文化、管理模式、运营理念，深度介入了上下游客户的业务，与客户一起打造共同的核心竞争力，并且无偿为客户提供全方位的服务，更关键的是，利乐公司通过自身的资源和组织的第三方资源，从战略决策、营销决策方面给予客户更高层面的服务和建议，从而使利乐与客户从交易关系变为合作伙伴关系，使一次性客户变成长期忠诚的客户。

利乐公司正是在帮助和促进客户成长的同时，达到了客户满意的目标，获得了客户的认可，加强了客户对自己的依赖，从而创造和培植了一批对自己有持续需求的忠诚客户，使自己获得了更大的发展。

2. 提高不可（易）替代性

假如企业凭借自身的人才、经验、技术、专利、秘方、品牌、资源、历史、文化、关系、背景等为客户提供独特的、不可（易）替代的产品或服务，就能够增强客户对企业的依赖性，从而实现客户忠诚。

例如，微软公司就曾凭借其功能强大的 Windows 系列产品，几乎垄断了 PC 操作系统软件市场，而功能实用、性能良好的 AutoCAD 在计算机辅助设计领域占有很高的市场份额，它们都是凭借不可（易）替代的产品或服务赢得了客户的忠诚。

又如，"IBM 就是服务"，这句话从国外传到国内，事实上 IBM 确实存在绝对竞争优势：IBM 全球服务部不仅可以为客户提供基于软硬件维护和零配件更换的售后服务，更重要的是，还能提供独立咨询顾问、业务流程与技术流程整合服务、专业系统服务、网络综合布线系统集成、人力培训、运维服务等信息技术和管理咨询服务，从而满足客户日益复杂的需求，正是这种服务优势实现了客户对 IBM 的忠诚。

再如，北京第一机床厂有许多客户来自南方的乡镇企业，由于这些企业员工素质不足，从使用到维护，从生产工艺到流程都不适应，从而使厂里提供的数控机床不能发挥作用。针对这些情况，北京第一机床厂采用了全过程维护、套餐式服务的模式，不但为购买机床的乡镇企业提供周到的售前、售后服务，还把分外的事情也划入自己的服务范围——帮助企业培训操作、维修人员，帮助企业设计工艺流程、加工程序，并制定各种使用操作规程，大大提高了用户的使用效率和效果。这种持续不断的支持服务，不但使产品自身的问题随时得到解决，也强化了双方的关系，而且良好的口碑不但赢得了大批老用户的忠诚，也吸引了许多新用户。

7.4.7 以自己的忠诚换取客户的忠诚

企业不应当忽视自己对客户的忠诚，应当以自己对客户的忠诚换取客户的忠诚。

例如，德国商业巨头麦德龙以现购、自运著称，主要特点是进销价位较低，现金结算，勤进快出，客户自备运输工具。麦德龙考虑到中国市场的情况，决定其服务对象是中小型零售商、酒店、餐饮业、工厂、企事业单位、政府和团体，即主打团体消费，不为个人客户提供服务。麦德龙之所以不面向个体客户，是因为麦德龙的一条宗旨是"给中小零售商以竞争力"，既然已经为中小型零售商提供了服务，按照利益共享的原则，个人客户由中小型零售商负责提供服务。由于麦德龙充分考虑了中小型零售商的利益，忠诚于中小型零售商，所以赢得了中小型零售商对麦德龙的完全满意和忠诚。在麦德龙的帮助下，它们增强了与大型超市竞争的能力。中小型零售商壮大了，自然增加了对麦德龙的需求，这样双方相得益彰，形成双赢的格局。

案例：银行对客户的忠诚

1989 年，美国农业信用体系改组，11 家银行被合并改组为合作制国家银行，资产为 100 亿美元。今天的美国合作银行已经成为联邦特许拥有 200 多亿美元资产的全球性银行，合作银行的成功来源于它对客户的忠诚。民意测验显示，在所有被调查的公司中，合作银行的客户满意率最高。在合作银行的客户中有很多客户已经与它保持了 20 多年的联系，只有不到 1% 的客户离开了它。

客户对合作银行的忠诚与银行为它们排忧解难有直接的关系。比如，不论年景好坏，合作银行都被指定负责管理农田工业有限公司 6.5 亿美元的银团贷款。公司的执行官评论说："选择合作银行承担牵头角色，是因为不管年景好坏，它都能够忠诚地提供优质的服务。"可见，合作银行对客户的忠诚不仅留住了客户，也为自己带来了更多的机会和市场。

花旗银行和汇丰银行对客户的忠诚也是有口皆碑。在拉丁美洲发生债务危机，各国金融局势动荡不安时，花旗银行不但没有停止所涉及国家的业务，反而积极支持这些国家度过危机。汇丰银行则注意在客户业务刚起步时就给予积极的支持，这虽然承担了较大的风险，但客户一旦成功便对所支持的银行保持特有的忠诚。

又如，华为员工在日本福岛核灾的恐怖威胁下，仍然展现了服务到底的精神，不仅没有因为危机而撤离，反而加派人手，在一天内就协助软银、E-mobile 等客户抢通了 300 多个基站。自愿前往日本协助的员工，甚至多到需要经过身体与心理素质筛选，够强壮的人才能被派到现场的地步。软银 LTE 部门主管非常惊讶："别家公司的人都跑掉了，你们为什么还在这里？"当时负责协助软体银行架设 LTE 基站的专案组长李兴回答："只要客户还在，我们就一定在！"正是因为这样，华为的客户忠诚度很高。

延伸阅读：为客户打伞

初春的一天上午，胡雪岩正在客厅里和几个分号的大掌柜商谈投资的事情。这时，外面有人禀告，说有个商人有急事求见。前来拜见的商人满脸焦急之色。原来，这个商人在最近的一次生意中栽了跟头，急需一大笔资金来周转。为了救急，他拿出自己全部的产业，想以非常低的价格转让给胡雪岩。

胡雪岩不敢怠慢，让商人第二天来听消息，自己连忙吩咐手下去打听是不是真有其事。手下很快就赶回来，证实商人所言非虚。胡雪岩听后，连忙让钱庄准备银子。因为对方需要的现银太多，钱庄里的银子不够，于是，胡雪岩又从分号急调大量的现银。第二天，胡雪岩将商人请来，不仅答应了他的请求，还按市场价来购买对方的产业，这个数字大大高于对方转让的价格。那个商人惊愕不已，不明白胡雪岩为什么连到手的便宜都不占，坚持按市场价来购买那些房产和店铺。

胡雪岩拍着对方的肩膀让他放心，并告诉商人说，自己只是暂时帮他保管这些抵押的资产，等到商人挺过这一关，随时来赎回这些房产，只需要在原价上多付一些微薄的利息就可以。胡雪岩的举动让商人感激不已。商人二话不说，签完协议之后，对着胡雪岩深深作揖，含泪离开了胡家。

商人一走，胡雪岩的手下可就想不明白了。大家问胡雪岩，有的大掌柜赚钱少了被训斥半天，为什么他自己这笔投资赚钱更少，而且到嘴的肥肉还不吃，不仅不趁着对方急需用钱压低价格，还主动给对方多付银子。

胡雪岩喝着热茶，讲了一段自己年轻时的经历："我年轻时，还是一个小伙计，东家常常让我拿着账单四处催账。有一次，正在赶路的我遇上大雨，同路的一个陌生人被雨淋湿。那天我恰好带了伞，便帮人家打伞。后来，下雨的时候，我就常常帮一些陌生人打打伞。时间一长，那条路上的很多人都认识我。有时候，我自己忘了带伞也不用怕，因为会有很多我帮过的人为我打伞。"

说着，胡雪岩微微一笑："你肯为别人打伞，别人才愿意为你打伞。那个商人的产业可能是几辈人积攒下来的，我要是以他开出的价格来买，当然很占便宜，但人家可能就一辈子翻不了身。这不是单纯的投资，而是救了一家人，既交了朋友，又对得起良心。谁都有雨天没伞的时候，能帮人遮点儿雨就遮点儿吧。"

众人听了之后，久久无语。后来，商人赎回了自己的产业，也成了胡雪岩最忠实的合作伙伴。在那之后，越来越多的人知道了胡雪岩的义举，对他佩服不已。官绅百姓，都对有情有义的胡雪岩敬佩不已。胡雪岩的生意好得出奇，无论经营哪个行业，总有人帮忙，有越来越多的客户来捧场。

7.4.8 加强员工管理

1. 通过培养员工的忠诚实现客户的忠诚

（1）寻找优秀的员工。企业应寻找那些特质、潜力、价值观与企业的制度、战略和文化相一致,才识兼备,技术娴熟,工作能力强的员工。

(2)尊重员工并且加强培训。企业要尊重员工的合理要求,充分满足员工的需要,在员工个人发展上舍得投资,及时解决员工遇到的问题,从而不断提高员工的满意度。企业应培训员工树立"以客户为中心""客户至上"的理念,使每位员工认识到他们的工作如何影响客户和其他部门的人员,从而最终影响到客户的忠诚和企业的生存,并给予相关知识和技能的培训与指导。

(3)充分授权。企业要赋予员工充分的权利和灵活性,从而使员工感到自己受重视、被信任,进而增强其责任心和使命感,激发其解决生产、服务等各环节问题的创造性和主动性,使每个员工都积极参与到超越客户预期的目标中来,群策群力、同心同德,共同想办法赢得客户忠诚。

(4)建立有效的激励制度。有效的激励可以激发员工的工作热情,挖掘员工的潜力,因此,企业要善于将员工的报酬与其满足客户需要的程度挂钩,建立有助于促使员工努力留住客户的奖酬制度。

例如,美国的一家信用卡企业MBNA就建立了这样一种奖酬制度,员工收入的20%是与客户维护有关的奖金。这种奖酬制度激励了员工与客户进行有效的沟通,该企业在过去几年中留住了一半试图终止业务关系的客户。

又如,华为公司不上市,而是把98.6%的股权开放给员工,除了不能表决、出售、拥有股票之外,股东可以享受分红与股票增值的利润,并且每年所赚取的净利几乎是100%分配给股东,有的员工一年就拿120万元股利。在华为,一个刚入公司的本科生的年薪至少15万元人民币,工作2~3年就具备配股分红资格。华为有"1+1+1"的说法,也就是工资、奖金、分红比例是相同的,随着年资与绩效增长,分红与奖金的比例将会大幅超过工资。所以,华为的员工会把自己当成老板,待得越久,领的股份与分红越多,不会为了追求一两年的短期业绩目标而牺牲客户的利益,而是会想尽办法服务"好客户",让客户愿意长期与之合作,形成一种正向循环。

（5）不轻易更换为客户服务的员工。熟悉就会亲切，熟练就会有效率。如果一个员工在一个工作岗位上待的时间长了，不仅可以了解工作的要求及做好工作的技巧，而且能够了解客户的兴趣与需求。

例如，法国一家名为 Au Bon Pain 的咖啡饼屋连锁店的经理加里·阿伦森（Gary Aronson）只雇用愿意每周工作 50～60 小时的人（这一行业中每位员工平均每周的工作时间是 40 小时），他为此对员工多工作的 10～20 小时付了加班工资，为的是希望每天光顾的大部分客户能够见到同一张面孔为他服务。正是因为这样，该店的许多服务员能够记住 100 多位老客户的名字和喜好，因此该店的客户"回头率"非常高。

2. 通过制度避免员工流失造成客户的流失

企业可通过建立扩大客户与企业接触面的制度来减少客户对企业员工个人的依赖，途径如下。

（1）轮换制度。每隔一段时间更换与客户联系的员工，这样当某个员工离职时，能保证仍有客户熟知的员工为之服务。

例如，麦肯锡公司就采用了咨询师轮岗制，公司每次会派不同的咨询师与客户接触和谈判，从而保证客户与公司多个咨询师的接触，并把新咨询师同客户的接触当作从不同视角发现问题的机会，因此，客户也不会对咨询师轮换导致的服务质量产生疑问。在这种咨询师轮岗的情况下，如果一个咨询师离职，客户还可以与公司的其他咨询师继续合作，而不会产生客户流失现象。

但是，员工轮换不宜过于频繁，如果客户还没来得及与员工建立良好的合作关系，这个员工就被调离，客户就会怀疑企业到底是否能够为其提供连续的服务。

（2）以客户服务小组代替"单兵作战"。团队的作用，使单个员工对客户的影响被削弱，从而降低了员工导致客户流失的可能性。服务小组可采取多种形式，如宝洁的客户服务小组的成员是由跨部门的人员组成的，而海尔的客户服务小组成员则由同一部门不同级别的人组成。

当然，客户服务小组的形式要确保每个成员输出信息的一致性，自相矛盾的信息或缺乏团队精神都会让客户怀疑服务小组能否胜任他们的角色。

（3）通过数据库在企业内部实现客户资源的共享。企业要把各个员工所掌握的客户信息在企业内部共享，同时建立知识共享的企业文化，为员工创建一种开放的工作环境，并组织开展一些交流活动，如员工经验交流会等，让他们可以自由沟通、分享信息，从而在企业内部共享客户资源。这样，任何员工都能在其他员工的基础上发展与客户的关系，而不会出现由于某一员工的离开造成客户流失的情况。

第8章
怎样让客户创造更多价值

8.1 不同的客户带来的价值不同

尽管每个客户的重要性不容低估,但是由于购买力、购买欲望、服务(维系)成本等差异,每个客户能给企业创造的收益是不同的,对企业来讲,有些客户比另一些客户更有价值。

国外的一份统计资料证明,23%的成年男性消费了啤酒总量的81%,16%的家庭消费了蛋糕总量的62%,17%的家庭购买了即溶咖啡总量的79%。也就是说,大约20%的客户消费了产品总量的80%,其余80%的客户,其消费量只占该种产品总量的20%。

1897年,意大利经济学家维尔弗雷多·帕累托(Vilfredo Pareto)发现经济及社会生活中无所不在的"二八法则",即关键的少数和次要的多数,比率约为2∶8,也就是说,80%的结果往往出于20%的原因,这就是帕累托定律。对于企业来说就是,企业80%的收益总是来自于20%的高贡献度的客户,即少量的客户为企业创造了大量的利润,其余80%的客户是微利、无利,甚至是负利润的。

根据美国学者赖克哈尔德的研究,企业从10%最重要的客户那里获得的利润,往往比企业从10%最次要的客户那里获得的利润多5~10倍,甚至更多。

布莱恩·伍尔夫（Brian Woolf）曾针对某个超市连锁店进行过调查，通过收集该店 15 000 名客户年度消费额的数据，他发现在排在最前面 20% 的客户（黄金客户）年保持率为 96%，销售额达到了整个销售额的近 84%。

Meridien Research 研究机构指出，在一个企业的客户群中，前 20% 的客户产生约 150% 的利润，而后 30% 的客户消耗了 50% 的利润——"他们一般是喜欢买便宜货的人，或被特别优惠的计划所吸引，而当企业试图从他们身上赚钱时，他们便离去"。

以上的研究结果虽然不尽相同，但是都表明了一个真理——客户有大小，贡献有差异。每个客户带来的价值是不同的，有的客户提供的价值可能比其他客户高 10 倍、100 倍，甚至更多，而有的客户不能给企业带来多少利润，甚至还会吞噬其他客户带来的利润。

例如，美国大通银行根据客户的不同贡献将其所有的客户分为五级。①蓝色客户：每年能为银行提供 500 万美元的综合效益或 300 万美元的中间业务收入；②绿色客户：每年能为银行提供 300 万美元的综合效益或 100 万美元的中间业务收入；③红色客户：需求比较单一，盈利少，却是银行的忠诚客户；④转移客户：需求复杂，却不能给银行带来很多利润；⑤清退客户：基本上不能给银行带来利润，甚至会带来亏损。

8.2　必须根据价值的不同对客户进行分级管理

既然客户有大小，贡献有差异，不同客户带来的价值不同，并且任何一家企业的资源都是有限的，因此把企业资源平均分配到价值不同的客户身上这种做法，既不经济也会引起大客户、"好客户"的不满。企业不能对所有的客户一视同仁，应区别对待。

现实中有些企业对所有的客户一视同仁，无论是大客户，还是小客户，无论是能带来盈利的好客户，还是根本无法带来盈利甚至造成亏损的差客户都平等对待，从而导致企业成本增加，利润降低，效益下降。

小客户、"差客户"享受大客户、"好客户"的待遇，小客户、"差客户"自然没有意见，而大客户、"好客户"就会心理不平衡，因为他们感到不受重视，轻则满腹牢骚，重则不满，甚至叛离——如果这个时候竞争对手乘虚而入，为这些最能盈利的大客户提供更多的实惠，就可以轻而易举地将他们"挖"走——"此处不留爷，自有留爷处"，毕竟买方市场下大客户的选择很宽。

虽然，大客户、"好客户"和小客户、"差客户"之间并没有绝对的界限，大客户、"好客户"可以变成小客户、"差客户"，小客户、"差客户"也可以变成大客户、"好客户"，但这并不是我们可以"眉毛胡子一把抓"的理由。因为那样做不但大客户、"好客户"不会满意，小客户、"差客户"也不愿意成为大客户、"好客户"——对企业贡献再大也不过如此！

因此，企业必须根据客户价值的不同对客户进行分级管理，同时，实现客户满意与忠诚也要根据客户的不同而采取不同的策略，因为每个客户给企业带来的价值不同，他们对企业的预期会有差别，满意与忠诚的要求也会不一样。一般来说，处于顶端的约20%的客户为企业创造了80%的利润，支撑着企业的运营，已经成为众多竞争者锁定的稀缺资源。如果企业能够找出这些带来丰厚利润的、最有价值的客户，并且把更多的资源用在为他们提供优质的产品和针对性的服务上，就能够提高他们的满意度与忠诚度。

例如，美国航空向其机组人员提供了一份"铂金""黄金"客户及其座位号清单，明确提示必须为这些客户提供优质、上等的服务。这样做的结果是，在从伦敦飞往纽约的同一个航班上，对于同样7个小时的飞行，乘客所付的费用可以从200英镑到6000英镑不等，而这样大的差价，所有乘客都没有意见。

知名的旅行社集团托马斯·库克根据交易纪录，将客户分成A、B、C三级，并针对不同级别给予不同的待遇。例如，消费金额最低的C级客户如果提出很费时的服务要求（如行程规划），就必须预付25美元作为订金，而 A 级和 B 级客户无须预付订金。理由是"过滤掉随口问问或三心二意的客户，我们才能把大部分时间放在服务前两级的客户上面"。

IBM 公司原先以为所有的客户都可能成为大宗产品和主机的购买者，所以即便是小客户也为其提供专家销售力量且上门服务，即便是盈利能力差的客户也为其免费修理旧机器。IBM 公司因此赢得了很高的美誉度，然而这是以牺牲利润为代价的……后来 IBM 意识到这种不计成本的策略从长远来看并不可行，于是果断地区别对待不同层级的客户，降低服务小客户的成本，并且向非盈利客户适当地收取维修费，从而使公司利润大幅上涨。

花旗银行把客户市场细分为不同的类别，然后采用针对性的服务方式，如为大众市场提供各种低成本的电子银行，对高收入阶层则提供多种私人银行业务。

美国第六大银行——第一联合银行（First Union）的客户服务中心采用了"Einstein"系统，这套系统能在电脑屏幕上用颜色对客户的分级进行区别。例如，红色标注的是不能为银行带来盈利的客户，对他们不需要给予特殊的服务，利率不得降低，透支也不准通融；绿色标注的是能为银行带来高盈利的客户，需多方取悦，并给予额外的服务。

英国巴克莱银行（Barclays Bank）十分重视对客户群的细分，并有一套划分客户的办法，主要标准就是看给银行带来利润的大小，同时注意潜在的重点客户，即能给银行带来潜在利润的客户。巴克莱银行将客户分为四级，相应地，将服务也分为四个层次：一是基本的、必不可少的服务；二是一般服务，即在基本服务的基础上增加一些不是对所有客户都提供的服务，如电话银行；三是高级服务，包括一些可以不提供但提供了能使客户很高兴的服务；四是全面服务，包括一些客户本身都没有想到的、为特定客户提供的服务。

8.3 怎样对客户分级管理

客户分级管理是指企业在依据客户带来价值的多少对客户进行分级的

基础上，不是对所有客户平等对待，而是区别对待不同级别的客户；同时，积极提升各级客户在客户金字塔中的级别。

由于企业对客户的选择是在开发客户之前，因而判断客户的"好"与"坏"只能用科学的方法或经验来主观判断和推测。对客户的分级则是在开发客户之后，判断客户价值的高低要用事实、数据来衡量。企业根据客户为其创造价值的大小，按由小到大的顺序"垒"起来，就可以得到一个"客户金字塔"模型，给企业创造价值最大的客户位于客户金字塔模型的顶部，给企业创造价值最小的客户位于客户金字塔模型的底部（见图8-1）。我们将客户金字塔模型划分为三个层级，分别为：关键客户、普通客户和小客户。

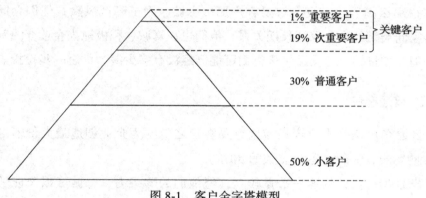

图8-1　客户金字塔模型

1. 关键客户

关键客户是企业的核心客户，一般占企业客户总数的20%，企业80%的利润靠他们贡献，是企业的重点保护对象。关键客户由重要客户和次重要客户构成。

（1）重要客户。重要客户是客户金字塔中最高层的客户，是能够给企业带来最大价值的前1%的客户。

重要客户往往是产品的重度用户，他们对企业忠诚，是企业客户资产中最稳定的部分，为企业创造了绝大部分和长期的利润，而企业却只需支付较低的服务成本。他们对价格不敏感，也乐意试用新产品，还可以帮助企业介绍客户，为企业节省开发新客户的成本。他们不但有很高的当前价值，而且有巨大的增值潜力，其业务总量在不断增大，未来在增量销售、交叉销售等方面仍有潜力可挖。

重要客户是最有吸引力的一类客户，可以说，企业拥有重要客户的多少，决定了其在市场上的竞争地位。

（2）次重要客户。次重要客户是除重要客户以外给企业带来最大价值的前20%的客户，一般占客户总数的19%。

次重要客户，也许是企业产品或服务的大量使用者，也许是中度使用者，但是他们对价格的敏感度比较高，因而为企业创造的利润和价值没有重要客户那么高。他们没有重要客户那么忠诚，为了降低风险，他们会同时与多家同类型的企业保持长期关系。他们也在真诚、积极地为企业介绍新客户，但在增量销售、交叉销售方面可能已经没有多少潜力供进一步挖掘。

2. 普通客户

普通客户是除重要客户与次重要客户之外的为企业创造最大价值的前50%的客户，一般占客户总数的30%。

普通客户包含的客户数量较大，但他们的购买力、忠诚度以及能够带来的价值远比不上重要客户与次重要客户，不值得企业特殊对待。

3. 小客户

小客户是客户金字塔中最底层的客户，指除了上述三种客户外，剩下的后50%的客户。

小客户数量大，一般个体购买量不多，带来的价值远远比不上关键客户和普通客户。

图8-2是客户数量金字塔和客户利润倒金字塔，体现了客户类型、数量分布和创造利润能力之间的关系。

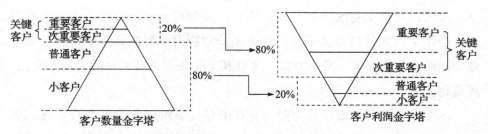

图 8-2 客户数量金字塔和客户利润金字塔对应关系示意图

客户金字塔包含着重要的思想，即企业应为对本企业的利润贡献最大的关键客户提供最优质的服务，配置最强大的资源，并加强与这类客户的关系，从而使企业的盈利能力最大化。

8.4 提升关键客户创造的价值

关键客户是企业可持续发展的最重要的保障之一，因而关键客户的管理在企业管理中处于重要的地位，关键客户管理的成功与否，对整个企业的经营业绩具有决定性的影响。

一般来说，企业花了很大的代价才与关键客户的关系进入稳定、良好的状态，然而竞争对手总是瞄准这些客户并伺机发动"进攻"或"招安"，一旦失去关键客户，就会使企业的生产经营受到很大的伤害。因此，企业必须认真提升与关键客户的关系，牢牢地抓住关键客户，才能保证企业持续稳定地发展，才能使企业保持竞争优势以及对竞争对手的顽强抵御力，才能在市场竞争日益激烈的今天，屹立潮头，稳操胜券！

关键客户管理的目标是提高关键客户的忠诚度，并且进一步提升关键客户给企业带来的价值。为此，企业要做到以下几点。

8.4.1 成立为关键客户服务的专门机构

目前，许多企业对关键客户都比较重视，经常由管理高层亲自出面处理与这些客户的关系，但是这样势必分散高层管理者的精力。如果企业成立一个专门服务关键客户的机构，便可一举两得——一方面，可使企业高层不会因为频繁处理与关键客户的关系分散精力，而能够集中精力考虑企业的战略和重大决策；另一方面，也有利于企业对关键客户的管理系统化、规范化。

首先，关键客户服务机构要为企业高层提供准确的关键客户信息，协调技术、生产、企划、销售、运输等部门根据关键客户的要求设计不同的产品和服务方案。

其次，关键客户服务机构要负责联系关键客户，利用客户数据库分析每位关键客户的交易历史，注意了解关键客户的需求和采购情况，及时与关键客户就市场趋势、合理的库存量进行商讨。

再次，关键客户服务机构要关注关键客户的动态，并强化对关键客户的跟踪管理，对出现衰退和困难状况的关键客户要进行深入分析，必要时伸出援手。当然，也要密切注意其经营状况、财务状况、人事状况的异常动向等，以避免出现倒账的风险。

最后，对关键客户的服务是一项涉及部门多、要求非常细的工作，需要企业各部门无边界协同，各部门和员工都要以整体利益为重，主动承担责任，追求协同效率和效果的最大化。

例如，花旗银行分支机构普遍设有公关部并实行客户经理制。公关部是银行专门负责联系客户的部门，每个重要客户在公关部都有专职的客户经理，客户经理负责与客户联系，跟踪客户的生产、经营、财务、发展等情况，协调和争取银行的各项资源（产品），及时了解并受理客户的服务需求，如有必要，再由客户经理与银行有关部门联系处理。相当一部分花旗银行分行把原来设立在一层的营业厅改为公关部，以方便客户咨询与联系，更好地为客户服务。

又如，利乐公司以客户经理为核心，为每一个客户提供了全面的服务。利乐的大客户经理，以每一个业务为单元，整合、调度和协调利乐相关人员、管理、研发、技术、加工、营销等相应资源，按照规范的作业流程与方式，与对方每一个相对应的部门或个人直接接触，相互学习，相互交流，发现问题，解决问题，从而保证产品供给和服务的准确性与及时性。同时，双方的接触也由"点"转换为"面"，不仅保证了服务的深度，更使彼此的合作关系由个人转为团队，关系更加牢固和紧密，即便单个接触点上有所偏差，也不会影响全局。利乐的大客户经理在帮助合作伙伴开拓市场的过程中，会调动自己企业的资源，快速帮助合作伙伴成长。

8.4.2 集中优势资源服务关键客户

为了进一步提高企业的盈利水平，按帕累托定律的反向操作就是：要为20%的客户花上80%的努力，即企业要将有限的资源用在前20%最有价值的客户上，用在能为企业创造80%利润的关键客户上——好钢用在"刀刃"上！

首先，企业应该准确预测关键客户的需求，想在他们前面，主动提供售前、售中、售后的全程、全面、高档次的服务，包括专门定制的、精细化的服务，甚至邀请关键客户参与企业产品或服务的研发、决策，从而更好地满足关键客户的需要。

其次，要集中优势"兵力"，加大对关键客户的服务力度。如在销售旺季到来之前，协调好生产及运输等部门，保证在旺季对关键客户的供应，避免出现因缺货而导致关键客户的不满。当出现供货紧张的情况时，要优先保证关键客户的需要，从而提高关键客户的满意度，使他们坚信本企业是他们最好的供应商或服务商。

最后，企业要增加给关键客户的财务利益，为他们提供优惠的价格和折扣，以及为关键客户提供灵活的支付条件和安全便利的支付方式，并且适当放宽付款时间限制，甚至允许关键客户一定时间的赊账，目的是奖励关键客户的忠诚，提高其流失成本。

当然，也许有些关键客户并不看重优惠，而是看重企业带给他们的超值服务，他们更需要的是对其地位和身份的"特别关心"。如在机场的贵宾候机室找到"贵族"的感觉，优先免费使用时尚的业务等，都会使关键客户觉得自己与众不同，有一种优越感。为此，企业可实行 VIP 制，创建 VIP 客户服务通道，更好地为关键客户服务，让关键客户尽享荣耀，这对巩固企业与关键客户的关系，提高关键客户的忠诚度将起到很好的作用。

美国电话电报公司（AT&T）采用高新科技手段，将不同层次的客户分配给各个彼此独立的服务中心，分别为他们提供不同的服务，并收取不同的费用，但客户对其中的差别一无所知。当客户呼叫客户服务中心时，客户服务中心能迅速甄别出客户类型，根据客户给企业带来的价值不同，这些自动系统能迅速地把客户呼叫转接到不同的服务中心。此外，AT&T 对不同类型客户的服务标准（如不同客户呼叫对应的服务时间长度）也不一样，对于带来高盈利的客户，客户呼叫的服务时间没有限制，唯一的目标是满足客户的需要。然而，对于带来低盈利的客户，目标是使客户呼叫的服务时间最短，降低成本，尽量保持从该类型客户得到的盈利。为了不使低盈利客户感到他们被匆促挂线，公司专门对与该类型客户打交道的服务代表进行培训，从而使这些客户感觉他们享受到的仍然是高水准的服务。

8.4.3 通过沟通和感情交流，加强双方的关系

企业应利用一切机会加强与关键客户的沟通和交流，让关键客户感觉到彼此之间不仅是一种买卖关系，还是合作关系、双赢关系。

1. 有计划地拜访关键客户

一般来说，有着良好业绩的企业营销主管每年大约有 1/3 的时间是在拜访客户中度过的，其中关键客户是他们拜访的主要对象。对关键客户的定期拜访，有利于熟悉关键客户的经营动态，并且能够及时发现问题和有效解决问题，有利于与关键客户搞好关系。在与客户的沟通中，要根据客户给企业带来价值的不同进行"分级沟通"，即针对客户的不同级别实施不同级别的沟通——如对重要客户，每个月打一次电话，每季度拜访一次；对

次要客户，每季度打一次电话，每半年拜访一次；对普通客户，每半年打一次电话，每年拜访一次；对小客户，每年打一次电话或者根本不必打电话或拜访。

2. 经常征求关键客户的意见

企业高层经常征求关键客户的意见，将有助于增加关键客户的信任度。例如，每年组织一次企业高层与关键客户之间的座谈会，听取关键客户对企业的产品、服务、营销、产品开发等方面的意见和建议，以及对企业下一步的发展计划进行研讨等，这些都有助于企业与关键客户建立长期、稳定的战略合作伙伴关系。为了随时了解关键客户的意见和问题，企业应适当增加与其沟通的次数和时间，并且提高沟通的有效性。

3. 及时有效地处理关键客户的投诉或抱怨

客户的问题体现了客户的需求，无论是投诉或者抱怨，都是寻求答案的标志。处理投诉或抱怨是企业向关键客户提供售后服务必不可少的环节之一，企业要积极建立有效的机制，优先、认真、迅速、有效及专业地处理关键客户的投诉或抱怨。

4. 充分利用多种手段与关键客户沟通

企业要充分利用包括移动互联网在内的各种手段与关键客户建立快速、双向的沟通渠道，不断地、主动地与关键客户进行有效沟通，真正了解他们的需求，影响其购买决策的群体的偏好，只有这样才能够加强与关键客户的关系，促使关键客户成为企业的忠诚客户。企业还应利用一切机会表示祝贺与支持，如关键客户开业周年庆典，或者关键客户获得特别荣誉，或者关键客户有重大商业举措时，这些都能加深企业与关键客户之间的感情。

总之，企业与客户之间的关系是动态的，企业识别关键客户也应该是一个动态的过程。一方面，现有的关键客户可能因为自身原因或企业的原因而流失；另一方面，又会有新的关键客户与企业建立关系。因此，企业应对关键客户的动向做出及时的反应，既要避免现有关键客户的流失，又要及时对新出现的关键客户采取积极的行动。

8.5 提升普通客户创造的价值

对于普通客户的管理，主要强调提升客户级别和控制服务成本两个方面。

1. 针对有升级潜力的普通客户，努力培养其成为关键客户

对于有潜力升级为关键客户的普通客户，企业可以通过引导、创造、增加普通客户的需求，鼓励普通客户购买更高价值的产品或服务（如饭店鼓励客户吃更贵的菜等），来提升普通客户创造的价值，提高他们的贡献度。

为此，企业要设计鼓励普通客户增加消费的项目，如常客奖励计划，对一次性或累计购买达到一定标准的客户给予相应级别的奖励，或者让他们参加相应级别的抽奖活动等，以鼓励普通客户购买更多的产品或服务。

例如，影音租售连锁店百视达（Blockbuster）曾运用"放长线钓大鱼"策略，让客户以约10美元的会费获得各种租片优惠，包括每月租五张送一张，每周一到周三租一张送一张等，从而刺激了更多的消费，也提升了客户的层级。

企业还可以根据普通客户的需要扩充相关的产品线，或者为普通客户提供"一条龙"服务，以充分满足他们的潜在需求，这样就可以增加普通客户的购买量，提升他们的层级，使企业进一步获利。

例如，美国时装零售业巨头丽诗加邦（Liz Claiborne）通过扩充产品线，涵盖了上班服、休闲服、超大号服装及设计师服装等系列，有效地增加了客户的购买量，从而实现了客户层级的提升。

此外，为了使普通客户能够顺利地升级为关键客户，企业还有必要伸

出援手，以提升普通客户的实力，进而增加其对企业的需求和贡献。

例如，企业可以成为普通客户的经营管理顾问，帮助他们评估机会、威胁、优势与劣势，制定现在与未来的市场发展规划，包括经营定位、网点布局、价格策略、促销策略等，同时，通过咨询、培训、指导，以传、帮、带等方式帮助普通客户提高经营管理水平。

总之，对于有升级潜力的普通客户，企业要制订周密、可行的升级计划，通过自己的一系列努力，使普通客户为企业创造更多的价值。

美国家居装修用品巨人家得宝，锁定两大潜力客户群——想要大举翻修住宅的传统客户和住宅小区与连锁旅馆的专业维护人员。为此，它刻意在卖场内增加"设计博览区"，展示了运用各种五金、建材与电器组成的新式厨房、浴室，以及系列产品装修的高档样品房。这些设计中心为客户提供其可能需要的一切产品和服务，包括装修用品和装修设计服务。此外，还提供技术指导、员工培训、管理咨询等附加服务。由于家得宝为客户提供了"一条龙"服务，增加了客户对企业的需要，也因此增强了客户与企业的关系，伴随着客户级别的提升，企业的利润也提升了。

2．针对没有升级潜力的普通客户，可降低服务成本

针对没有升级潜力的普通客户，企业可以采取"维持"战略，在人力、财力、物力等方面，不增加投入，甚至减少促销努力，以及要求普通客户以现款支付甚至提前预付。另外，还可以缩减对普通客户的服务时间、服务项目、服务内容，甚至不提供任何附加服务，以降低服务成本。例如，航空公司用豪华轿车接送能为其带来高额利润的关键客户，而普通客户则没有此等待遇。

8.6　提升小客户创造的价值

"二八定律"关注"二"，即少数对象；忽视"八"，即大众对象。强

调重视"抓大放小"。但是，随着信息技术的不断进步和电子商务的飞速发展，人们开始重新审视被运用了100多年的"二八定律"，对80%的多数消费者开始逐渐重视起来。

2004年10月，美国《连线》杂志主编克里斯·安德森（Chris Anderson）在一篇文章中首次提出"长尾"这个概念，后来进一步延伸出长尾理论——只要存储和流通的空间足够大，需求量小的、非主流的产品共同占据的市场份额可以和那些需求量大的主流产品所占据的市场份额相匹敌，甚至更大，即如果能够把大量市场价值相对较小的部分汇聚起来，将可能创造更大的经济价值。"长尾理论"提示我们，要重视包含大量中小客户的利基市场，而且还应具有相匹配的服务能力，在为"大客户"提供特殊照顾的同时，也要重视"小客户"的集体贡献。

"长尾理论"与"二八定律"并不矛盾，"二八定律"告诉我们，要重视单个个体大客户的价值，而"长尾理论"告诉我们，不要忽视众多小客户的集体力量。将长尾理论运用到客户分级管理中，就是如果能够把握住80%的长尾客户，即相对于"大客户"而言的"小客户"，虽然他们的购买力并不强，消费行为并不活跃，但是将他们全部集中起来可能创造的价值比大客户所创造的更大。因此，企业应该重视并且运用更有效的手段来管理小客户，从而为企业带来更大的利润。

例如，谷歌是一个典型的"长尾"公司，其成长历程就是把广告商和出版商的"长尾"商业化的过程。谷歌通过为数以百万计的中小型网站和个人提供个性化定制的广告服务，将这些数量众多的群体汇集起来，形成了非常可观的利润。目前，谷歌被认为是"最有价值的媒体公司"，远远超过了那些传统的老牌传媒公司。

1. 针对有升级潜力的"小客户"，要努力培养其成为"普通客户"甚至"关键客户"

企业应该给予有升级潜力的小客户更多的关心和照顾，帮助其成长，挖掘其升级潜力，从而将其培养成"普通客户"甚至"关键客户"。伴随着小客户的成长，企业利润就可以不断得到提升。

例如，目前还是无法带来利润的大学生客户，可能在就业后会成为"好客户"，招商银行就看到了这一点。招商银行的信用卡业务部一直把在校大学生作为业务推广的重点对象之一，尽管他们当前的消费能力有限，信贷消费的愿望不强烈，盈利空间非常小，但招商银行还是频繁进驻大学校园进行大规模的宣传促销活动，运用各种优惠手段刺激大学生开卡，并承诺每年只要进行六次刷卡消费，无论金额大小，都可以免除信用卡的年费，甚至还推出了各种时尚、炫彩版本的信用卡，赢得了广大年轻客户群体的青睐。通过前期的开发和提升，当大学生毕业以后紧随而来的购房、购车、结婚、生子、教育等大项消费需要分期付款和超前消费时，招商银行巨大的利润空间开始显现。

2. 针对没有升级潜力的"小客户"，可提高服务价格，降低服务成本

"小客户"不等于"坏客户"，对于没有升级潜力的"小客户"，有些企业的做法是"坚决剔除"，不再与他们联系和交易，但是，事实上这种做法过于极端，并不可取。这是因为如果企业直接、生硬地把"小客户""扫地出门"或"拒之门外"，可能会引发"小客户"向其他客户或者亲戚朋友表达他们的不满，使企业遭遇"口水"之害，从而给企业形象造成不良的影响。被"裁减"的"小客户"还可能投诉企业，而且媒体、行业协会等社会力量也有介入的可能性，弄不好企业就会背上"歧视弱者"这个"黑锅"。因此，企业必须认真管理好"小客户"。

此外，"小客户"帮助企业创造和形成了规模优势，在降低企业成本方面功不可没。聚沙可以成塔，集腋可以成裘，保持一定数量的"小客户"是企业实现规模经济的重要保证，是企业保住市场份额、保持成本优势、遏制竞争对手的重要手段。如果企业放弃这些低价值的"小客户"，听任其流失到竞争对手那边，就可能使企业失去成本优势，同时可能壮大竞争

对手的客户队伍和规模。一旦竞争对手由于客户多了而生产服务规模大了，成本得以下降了，就会对企业不利。

所以，针对没有升级潜力的"小客户"，企业不能简单地把他们淘汰，可以通过提高服务价格、降低服务成本的办法来"榨取""小客户"的价值。

（1）提高服务价格或者向小客户收取以前属于免费服务的费用。这样就会增加企业的收入，例如，我国香港汇丰银行对存款不足5000港元的储户每月征收40港元的服务费，这样储户要么增加存款达到5000港元，要么自行退出。

（2）降低为小客户服务的成本。①适当限制为小客户提供服务的内容和范围，压缩、减少为小客户服务的时间。比如从原来的天天服务改为每周提供一天服务，从而降低成本，节约企业的资源。②运用更经济、更省钱的方式提供服务。比如从原来面对面的直接销售方式转为电话销售或网上销售，这样不仅保证了销售收入，也减少了成本，提高了利润水平。例如，银行通过减少分支机构的数量，以及用ATM机代替柜员和银行职工，从而降低服务成本。

美国前进保险公司是一家专营摩托车保险等高风险业务的公司，该公司发现并非所有的摩托车驾驶员风险都高———一般来说，年轻车手比年龄大的车手风险高。为此，该公司对年轻车手的定价较高，对年龄大的车手定价较低。该公司还发现，许多驾车疯狂的车手往往光顾街头路边的保险代理处，为了避开这类客户，公司鼓励自己的代理人把办事处设在僻静的写字楼里，远离交通动脉，同时，公司通过直邮广告，主动争取那些年龄较大的摩托车手的业务。

当然，处于客户金字塔较低层次的小客户察觉到自己所受的待遇不如较高层的客户时有可能会被激怒。为了避免出现这种不愉快的局面，企业可把为不同级别客户提供的服务从时间或空间上分割开来。

例如，在飞机和客轮上，不同层次的客户因票价不同而分别处于不同等级的舱位，分别接受不同等级的服务，彼此互不干扰。企业分别提高他们的感知，这样就能够使头等舱客户、商务舱客户和经济舱客户各得其所。

8.7 坚决淘汰劣质客户

实践证明，并非目前所有的客户关系都值得保留——劣质客户吞噬、蚕食企业的利润，与其让他们消耗企业的利润，还不如及早终止与他们的关系，压缩、减少直至终止与他们的业务往来，以减少利润损失，使企业的资源能够投入到其他客户群体中。例如，银行对信用状况差、没有发展前途的劣质客户采取停贷、清算等措施，以淘汰劣质客户。

适时终止与没有价值、负价值或者前景不好的客户的关系，企业才能节省有限的资源寻找和服务能够更好地与企业的利润、成长和定位目标相匹配的新客户和老客户。

企业对于赖账的客户，可以"先礼后兵"，动员各种力量对其施加压力，还可以"还以颜色"，直至"对簿公堂"，决不手软。

8.8 让流失的客户回头继续创造价值

客户流失是指客户由于种种原因不再忠诚，转而购买其他企业的产品或服务的现象。企业要想让客户创造更多的价值，不但要让忠诚的客户带来更多的价值，而且要想办法让流失的客户回头，从而继续为企业创造价值。

8.8.1 客户流失的原因

随着科学技术的发展和企业经营水平的不断提高，产品和服务的差异化程度越来越低，市场上雷同、相近、相似的产品与服务越来越多，竞争品牌之间的差异越来越小，客户因改变品牌所承受的风险也大大降低了，因此，当前企业普遍存在客户易流失的特点。

客户流失除了企业自身的原因外，还有客户本身的原因。

1. 企业自身的原因

影响客户流失的因素与影响客户忠诚的因素是一样的，这些因素正面作用的结果就是客户的忠诚，负面作用的结果就是客户的流失。

（1）客户不满意。当产品或服务质量没有达到标准或者经常出现故障时，容易导致客户流失。例如，当其他通信企业给客户提供越来越多的功能时，网络覆盖不断扩大，接通率提高，掉线率下降；而本企业提供的通信服务却在很多地方打不通，或者经常掉线，那么客户的埋怨就会不断增加。又如，当客户在ATM操作时不慎借记卡被吞，或者ATM吐出假币残币，A银行客服不能迅速地解决问题，而B银行工作人员能火速赶到ATM网点解决问题，这样的对比将直接影响客户对银行的满意度。

当服务态度或服务方式存在问题时，也容易导致客户流失。例如，服务意识淡薄，员工傲慢、对客户冷漠、粗鲁，表情僵硬，或者表示出不屑，不尊重客户，不礼貌，缺乏耐心，咨询无人理睬，对客户的提问和要求表示烦躁；服务僵化、被动，工作效率低下，没有迅速、准确地处理客户的问题，对客户的投诉和抱怨处理不及时、不妥当……企业不能满足客户需要致使客户利益受损时，客户就会寻求其他的商家。

当客户受骗上当时，也容易导致客户流失。例如，企业在广告中过分夸大宣传产品的某些性能，造成客户预期落空，或者企业对客户做出了某种承诺但没有兑现，没有使客户的预期得到满足。如有的商场承诺包退包换，但是一旦客户提出退换要求时，商场总是找理由拒绝，也会造成客户流失。

当产品或服务落伍时，也容易导致客户流失。任何产品或服务都有自己的生命周期，随着市场的成熟及产品或服务的同质化，产品或服务带给客户的利益空间越来越小。若企业不能进行产品或服务创新，客户自然就会另寻他路，这也是直接导致客户流失的重要因素。例如，过去诺基亚的客户现在好多已经流失到了苹果公司、三星公司等。

此外，由于客户不满企业的行为，如破坏或污染环境，不关心公益事业，不承担社会责任等，或者企业出现震荡或波动等，也会造成客户的流失。

（2）其他原因。例如，客户从忠诚中所获得的利益较少，客户对企业的信任和情感不够深，客户没有归属感，觉得自己被轻视。此外，客户转换成本较低，企业与客户业务联系不够紧密，客户对企业的依赖程度低，跳槽员工带走客户，以及企业自身对客户不忠诚、朝秦暮楚、见异思迁等都会导致客户流失……

2. 客户自身的原因

有些导致客户流失的因素是客户本身造成的，例如，有的客户因为需求转移或消费习惯改变而退出某个市场；有的客户对企业提供的好的服务或产品差异根本就不在乎，转向其他企业不是因为对原企业不满意，而是因为自己想换"口味"，想尝试一下新企业的产品或服务，或者只是想丰富自己的消费经历；有的客户由于搬迁、成长、衰退甚至破产，以及由于客户的采购主管、采购人员的离职等而导致客户流失。

8.8.2 如何看待客户流失

1. 客户流失给企业带来很大的负面影响

流失一位重复购买的客户，不仅使企业损失这位客户可能带来的利润，还可能失去与受其影响的客户的交易机会，因为他们可能散布不利的言论，动摇和瓦解"客心"，此外，还可能会极大地影响企业对新客户的开发。

当企业与客户的关系破裂，客户流失成为事实的时候，企业如果不能尽快、及时地恢复客户关系，就可能造成客户的永远流失，而他们很可能成为企业竞争对手的客户，壮大竞争对手的客户队伍和规模。一旦竞争对手由于客户多了，生产服务规模大了，成本得以下降，就会对企业产生威胁。因此，企业不能听任客户流失。

客户的流失，尤其是"好客户"流失如同将企业釜底抽薪，让企业多年投入客户关系中的成本与心血付诸东流。就像摩擦力损耗着机械系统的能量那样，客户的流失不断消耗企业的财力、物力、人力和企业形象，给企业造成的伤害是巨大的。

2. 有些客户的流失是不可避免的

新陈代谢是自然界的规律。企业的客户也有一个新陈代谢的过程，特别是在今天的市场中，在各种因素的作用下，客户流动的风险和代价越来越小，客户流动的可能性越来越大，客户关系在任一阶段、任一时间都可能出现倒退，不论是新客户还是老客户，都可能会流失。此外，由于客户本身原因造成的流失，对企业来说是难以避免，甚至是无能为力、无可奈何的事。

因此，虽然很多企业提出了"客户零流失"的目标，但是这个目标太不切合实际。企图留住所有的客户是不现实的，就算能够做到，成本也会相当高，得不偿失——因为企业的产品或服务不可能完全得到所有客户的认同，企业不可能留住所有的客户！所以，企业应当冷静地看待客户的流失，将客户流失率控制在一个很低的水平。

3. 流失客户有被挽回的可能

客户挽回是指企业通过积极的努力促使已经流失的客户回心转意，重新成为企业忠诚客户的活动。有一种看法是，客户一旦流失，便会一去不复返，再也没有挽回的可能——这种看法是片面的。

研究显示，向流失客户每销售4个产品会有1个成功，而向潜在客户和目标客户每销售 16 个产品才有 1 个成功。其中的原因主要是：一方面，企业拥有流失客户的信息，他们过去的购买记录会指导企业如何下功夫将其挽回，而对潜在客户和目标客户，企业对其的了解要薄弱得多，不知所措；另一方面，流失客户毕竟曾经是企业的客户，对企业有了解、有认识，只要企业下足功夫，纠正引起他们流失的失误，他们还是有可能回归的。可见，争取流失客户的回归比争取新客户容易得多，而且只要流失客户回头，他们就会继续为企业介绍新客户。

例如，UPS 公司曾经遭遇了一次 15 天的停运事故而导致严重的客户流失，一时间有 150 万忠诚的客户转向了联邦快递等其他快运公司。成千上万的员工被解雇了，遭受沉重打击的 UPS 公司意识到，必须立即挽回这些流失的客户。UPS 迅速组织人员给这些流失的客户打电话，召开面对面的沟通会，向他们道歉，告诉他们业务已经恢复正常，并且保证不会再出现类似的情况。UPS 公司还发表了致歉信，同时在运费上给客户一定的折扣来抚慰受伤的客户。令人欣喜的是，这些措施很快取得了成效，许多流失的客户回来了，在灾难过去的一年内 UPS 的利润竟然提升了 87%。可见，面对客户的流失，如果企业采取积极的行动，调查客户流失的原因，并且采取行之有效的措施，那么大部分流失的客户是可以被挽回的。

4. 挽回流失客户是重要的

假设公司有 10 000 名客户，每年的客户忠诚度是 80%（算是比较高的了），那么，第 2 年留下来的客户就是 8000 名，第 3 年就是 6400 名，第 4 年就是 5120 名。也就是说，4 年后，只有一半的客户还忠诚！多可怕！

可见，对流失客户的挽回工作多么重要！在客户流失前，企业要防范客户的流失，极力维护客户的忠诚，而当客户关系发生破裂及客户流失成为事实的时候，企业不应该坐视不管、轻易地放弃他们，而应当重视他们，积极对待他们，亡羊补牢，尽力争取挽回他们，促使他们重新购买企业的产品或服务，与企业继续建立稳固的合作关系。

例如，当年美国第一银行总裁库雷召集了 300 多名员工开会，说他收到许多不满客户的来信，他做出指示，从现在开始要致力于取悦、维系客户。为了实现这个目标，第一银行开始针对流失的客户询问一些问题，包括为何离开、有什么要求等。银行将收集到的信息整理后，制订出一个行动方案并开始执行，同时经常检查流程，以符合客户日益变化的需求。8 年后，第一银行的客户流失率在行业中最低，大约每年只有 5%，是其他银行的一半。在没有多做额外工作的情况下，第一银行的产业排名从第 38 名上升到第 4 名，利润增加了 16 倍。

8.8.3 区别对待不同的流失客户

由于不是每一位流失客户都是企业的重要客户，所以，如果企业花费了大量的时间、精力和费用，留住的只是无法给企业带来盈利的客户，那就不值得了。

因此，在资源有限的情况下，企业应该根据客户的重要性来分配投入挽回客户的资源，挽回的重点应该是那些流失的"好客户"，这样才能实现挽回效益的最大化。

针对下列不同级别的流失客户，企业应当采取不同的基本态度。

（1）对"关键客户"的流失要极力挽回。一般来说，流失前能够给企业带来较大价值的客户，被挽回后也将给企业带来较大的价值。因此，给企业带来价值大的关键客户应是挽回工作的重中之重，他们是企业的基石，失去他们，轻则会给企业造成重大的损失，重则伤及企业的元气。

所以，企业要不遗余力地在第一时间将"关键客户"挽回，不能任其流向竞争对手，这是企业必须做和不得不做的事情。

（2）对"普通客户"的流失要尽力挽回。普通客户的重要性仅次于关键客户，而且普通客户还有升级的可能，因此，对"普通客户"的流失要尽力挽回，使其继续为企业创造价值。

（3）对"小客户"的流失可见机行事。由于"小客户"的价值低，数量多且很零散，因此，企业对这类客户可采取冷处理，顺其自然，如果不用很吃力，或者是举手之劳，则可以试着将其挽回。

（4）彻底放弃根本不值得挽留的劣质客户。例如，以下情形的流失客户就根本不值得挽回：

不可能再带来利润的客户；

无法履行合同约定的客户；

无理取闹、损害了员工士气的客户；

需要超过了合理的限度，妨碍企业对其他客户服务的客户；

声望太差，与之建立业务关系会损害企业形象和声誉的客户。

……

总之，对有价值的流失客户，企业应当竭力、再三挽回，最大限度地争取与他们"破镜重圆""重归于好"；对其中不再回头的客户也要安抚好，使其无可挑剔、无闲话可说，从而有效地阻止他们散布负面评价而给企业造成不良影响；对没有价值甚至是负价值的流失客户，企业应抱放弃的态度。

8.8.4 挽回流失客户的策略

客户关系的建立和维护都需要"组合拳"，需要一系列组合策略。而客户关系的挽救则可以从"点"上着眼——找出客户流失的原因及关系破裂的症结，然后对症下药，亡羊补牢，有针对性地采取有效的挽回措施，就能事半功倍。

1. 调查原因

如果企业能够深入了解、弄清客户流失的原因，就可以获得大量珍贵的信息，发现经营管理中存在的问题，就可以采取必要的措施，及时加以改进，从而避免其他客户的再流失。相反，如果企业没有找到客户流失的原因，或者需要很长的时间才能找到流失的原因，企业就不能及时采取有效措施加以防范，那么这些原因就会不断地"得罪"现有客户而使他们最终流失。

因此，企业要在第一时间积极地与流失客户联系，了解流失的原因，弄清问题究竟出在哪里，并虚心听取他们的意见、看法和要求，让他们感受到企业的关心。企业只有充分考虑流失客户的利益，并站在流失客户的立场，与不同特点的流失客户进行及时的、有针对性的、个性化的沟通，才可能挽救破裂的客户关系。

例如，IBM 公司就非常重视老客户的保留，当一个客户流失时，IBM 公司会尽一切努力去了解自己在什么地方做错了——是价格太高、服务不周到，还是产品不可靠，等等。公司不仅要和那些流失的客户谈话，而且对每一位流失的客户都要求相关的营销人员写一份详细的报告，说明原因并提出改进意见，并且采取一切办法来恢复客户关系，从而控制客户的流失率。

又如，美国显微扫描公司是为医院化验室生产自动化微生物化验设备的专业公司。20 世纪 90 年代初，公司发现有些小型化验室是完全跳槽者，为此，公司要求销售人员与每一个跳槽的客户交谈，了解他们跳槽的根本原因。调查结果表明，问题出在客户既怀疑公司医疗设备的可靠性，又对公司的售后服务不满意方面。显微扫描公司虚心听取了跳槽者的意见，重新研制了新型医疗设备，提高了化验的精确性，缩短了化验时间，并完善了售后服务。通过两年的努力，许多跳槽的客户又重新回到了公司，该公司不仅在市场上确立了领先地位，而且经济效益也明显提高了。

2. 对症下药

对症下药就是指企业要根据客户流失的原因制定相应的对策，以挽回流失的客户。例如，针对价格敏感型客户的流失，企业应该在定价策略上采取参照竞争对手的定价策略，甚至采取略低于竞争对手的价格，这样流失的客户自然而然会回来。针对喜新厌旧型客户的流失，企业应该在产品、服务、广告、促销上面多一些创新，从而将他们吸引过来。

企业要根据实际情况，参照流失客户的要求，提出具体的解决方案，并告诉他们基于他们的意见，企业已经对有关工作进行了整改，以避免类似的问题再次发生。如果流失客户仍然对整改方案不满意，可以问问他们的意见，向他们请教。如果方案得到流失客户的认可，就要抓紧实施。企业的诚意会给流失客户留下很好的印象，他们会觉得企业很重视他们提出的问题，是真心实意地解决问题，这样就可以打动他们，促使流失客户回头。

当国家卫生部宣布肯德基新奥尔良烤翅和新奥尔良烤鸡腿堡调料在检查中发现含有"苏丹红（1号）"成分后，肯德基立即采取措施——停止"新奥尔良烤翅和烤鸡腿堡"的销售，主动向公众道歉，承认自己的不足，并且表示将会追查相关供应商的责任，以及制定措施防止类似事件再度发生。百胜餐饮集团召开新闻发布会，介绍涉及"苏丹红（1号）"产品的检查及处理情况，集团总裁现场品尝肯德基食品，主动配合中央电视台《新闻调查》和《每周质量报告》等栏目的采访……由于肯德基在问题发生后，能够迅速采取一系列有效的措施，不掩盖、不逃避，获得了媒体的认可和公众的理解，消费者恢复了对肯德基产品的信心，流失的客户又回来了。此外，随着健康观念的增强，消费者逐渐认识到洋快餐易导致肥胖，这种观念也导致了部分客户的流失。对此，肯德基通过产品创新及推广活动，使品牌与健康和运动紧密结合，并且向"均衡营养、健康生活倡导者"的方向转化，从而挽回了部分流失的客户。

总之，企业针对不同级别的客户采取分级管理和差异化的激励措施，可以使关键客户自豪地享受企业提供的特殊待遇，并激励他们努力保持这种尊贵地位。同时，刺激有潜力的普通客户向关键客户看齐，鞭策有潜力的小客户向普通客户甚至关键客户看齐。此外，坚决淘汰劣质客户，努力挽回流失的"好客户"……这样，企业就可以让客户创造更多的价值，产生可观的利润增长。

| 第9章 |

综合案例：报刊发行商怎样经营客户

报刊发行服务不是一个简单的将报刊进行运输、投递的物流过程，在这个过程中报刊发行商要起到报刊产业上游和下游的桥梁作用，即将报刊送给最适合的读者，为读者寻找最合适的报刊。

要做到这一点，报刊发行商必须认真分析研究报刊品种，做好报刊的宣传，让读者了解报刊。同时，报刊发行商要了解读者的阅读需求，为读者寻找报刊提供便利，并为读者提供多种订阅方式，最后要为订户提供准确、及时、安全的投递服务。

9.1 报刊发行商的客户分类

报刊发行商的客户可分为上游客户、中游客户和下游客户。

上游客户比较直观，也就是报刊社。中游客户是指在报刊上做广告的单位。下游客户的构成则比较复杂，包括团体客户（党政军群、企事业单位）、个人客户（订阅者、零售读者）、分销商客户（机场、车站、学校等委办零售点或社会发行站，超市、书店、卖场、报刊亭等零售点）、第三方客户（党政军群、企事业单位、个人）。这里，团体客户与个人客户都是读者，而分销商客户与第三方客户本身都不是报刊的读者，他们是"二传手"。

9.2 上游客户的经营

9.2.1 报刊社的选择

首先，报刊发行商要选择经济效益和社会效益好的报刊社作为自己的客户，如发行量大且社会影响大的党报党刊，受市场欢迎的畅销报刊，能提供广告附加值的高效报刊，受广告商欢迎的形象报刊等。发行商如果成为党报党刊的发行人，则可以同时获得下游的大客户（否则订阅党报党刊的客户就会流失），而且可以从政府获得一些优待政策。如果报刊发行商坚持定位于正规发行渠道的角色，不成为非法出版物的发行渠道，不为一些短期利益而破坏自己的社会形象和市场形象，则有助于得到客户的信任。

其次，报刊发行商可以考虑放弃发行量微小、发行潜力低、内容质量差的报刊品种。虽然放弃了这部分微小的收益，但从长远发展来看，这对维护报刊发行商的发行品牌及吸引一些大报大刊的合作有更加重要的意义，另外也可以提高投入产出比，取得更丰厚的回报。沃尔玛、家乐福之所以能成为零售巨头，与它们在选择供货产品时的高门槛是分不开的（能够上货架的商品都必须是周转快的畅销品），这点值得我们学习。如果报刊发行商因为种种原因没有放弃这些发行量很少、滞销的报刊，则可提高发行费率。

最后，在报纸和期刊的选择上，报纸虽然价格高、发行量大、流转额高，但从经营效益、运行成本来看，期刊的发行、投递成本要远低于报纸，而且，期刊的广告收益也越来越明显，所以，发行商要关注和培养品牌期刊，搞好与期刊社的关系。

9.2.2 报刊社的开发

一方面，报刊发行商要充分发挥报刊发行的优势，以优质的服务开创发行品牌，通过发行成效来吸引更多、更好的报刊社加盟，并争取将新的、能够带来效益的报刊社纳入自己的发行渠道，从而提高报刊发行商的市场占有率。

另一方面，要通过现有的龙头客户，如大报大刊的影响力和号召力，增进与省级党报、地市级党报的合作，拓展与都市报、地市报的合作。此外，积极开展会议营销，即每当报刊社召开行业会议时主动出击，宣传、介绍自己的发行优势，从而争取目标客户的加盟。

9.2.3 报刊社的维护

首先，报刊发行商要了解和掌握报刊社的相关信息，如发行或销售的数量，读者群体、结构、层次，社会对该报刊的评价，该报刊对自己的贡献，并且通过数据库进行管理。另外，报刊发行商要加强与报刊社的沟通与交流，如主动到报刊社登门拜访，与其建立密切的关系。如果能够得到报刊社的支持，在报刊上帮助宣传发行商的发行服务简直是举手之劳。

其次，党报党刊、行业报刊以公费订阅为主，发行量相对稳定，对报刊发行商的利润贡献较大，因此，报刊发行商要精益求精、好上加好地做好党报党刊及行业报刊的收订工作，确保其发行量稳中有升。报刊发行商还可以考虑设立为重点报刊社服务的客户经理，负责有针对性地为其提供个性化的服务，确保这些大客户对报刊发行服务满意。例如，高效地收订和投递，帮助收集读者信息，并进行统计分析和分类整理，定期向报刊社反馈信息，助其往畅销报刊发展，进一步做大、做强。此外，发行商要加强业务资金管理，保证报刊业务结算的正常进行，按时向报刊社结付报刊款等。

最后，报刊发行商要通过提高报刊社的转移成本，增加报刊社对发行商的信任与情感牵挂，提高报刊发行服务的独特性与不可替代性，建立客户组织等，来实现报刊社对报刊发行商的忠诚。

例如，报刊发行商可利用订户数据库帮助报刊社了解现有订户的分布、订阅习惯等信息，使报刊社得以根据当前的读者结构来改进报刊编辑的内容，以更好地满足读者需求。如果报刊社对现有的读者结构不满意，也可以利用报刊发行渠道来对目标读者进行有针对性的宣传和推荐，从而改善读者结构，这样也就加大了报刊社对报刊发行商的依赖和忠诚。

又如，报刊发行商可以考虑将通过自己发行的报刊社组织起来成立报刊协会，这样可使报刊社感到自己被重视、被关心，从而产生归属感，这样有利于报刊社与报刊发行商的关系由短期联系变成长期联系，由松散联系变成紧密联系，从而有利于报刊与发行商保持长期稳定的关系。

又如，在中国邮政与《特别文摘》的合作中，双方在邮报融合的理念架构下提出了"三免两减半，编发分营"的运营模式——在五年合作中，前三年《特别文摘》委托邮政自印自发，自主经营，自负盈亏，全部发行及区域广告收入归邮政所得；后两年《特别文摘》收入剔除集团公司规定的列收部分和印刷成本，邮政与刊社对半分成。这一模式的好处是：报刊社可从报刊经营的一般性事务中脱离出来，专注于内容的制作；邮政不再是报刊发行中可有可无的补充部分，不再是一个打工者，而是成为掌握报刊市场生命的有力推动者——邮政可以根据市场需求确定刊印的数量、发行的方向、广告的经营。这种融合打通了邮报双方原先各自独立运行的隔阂，双方共同经营报刊，邮政成为与报刊社对等的、不可或缺的战略伙伴，同时增强了报刊社对邮政发行的依赖与忠诚。

9.3 中游客户的经营

当前广告商这类客户大多属于报刊社，而较少数属于发行商，但是发行商也应该重视发展这类客户。发行商不要只关心发行费率，而对发行量上升引起的广告效益少有关注。事实上，发行商应该享受报刊发行成果，争取获得发行广告收益。

1. 广告商的选择

发行商要特别关注那些需要经常并大量做广告的单位——市场竞争激烈的行业中有实力的企业、垄断行业中对企业形象有需求的企业等，它们能够给发行商带来较多的广告收入。

2. 广告商的开发

广告商往往看中发行商的客户资源和客户关系,其中发行量和发行对象是广告商最看重的硬指标。因此,对广告商关注的人群,发行商可以通过赠送报刊的形式,将其培育成自己的读者,这样就能够拉来广告商。

例如,宜兴邮政对本地区影响较大的房地产公司、礼品公司和酒店、茶楼等客户,采取部分免费赠送《特别文摘》的方式,并且突出《特别文摘》内页广告的实用性、廉价性、规模性等优势,吸引了房地产公司、礼品公司和酒店、茶楼在《特别文摘》上刊登形象广告。

此外,个人客户也可以因为婚庆、寿诞等需要成为广告主,制作形象期刊,送给其亲朋好友。

总之,发行商应当利用自己(已有的或者创造的)的订户资源,寻求与广告商的合作机会。

3. 广告商的维护

首先,发行商要与报刊社充分合作,为广告商提供优质的服务。例如,通过优质期刊拉动发行量,从而使广告受众多、影响面广而深刻。

其次,发行商可为广告商提供营销咨询。例如,订阅体育类报刊的读者对运动服装或体育用品等可能存在需求,发行商主动与这些行业的企业开展合作,可以帮助它们针对目标客户群进行有效宣传,这样就能够获得源源不断的广告收入。

9.4 下游客户的经营

9.4.1 下游客户的选择

一方面,报刊发行商要选择信誉好的、愿意积极推广销售的分销商,选择订阅量大的团体客户、个人客户和第三方客户，个人客户中要重点开发订阅或购买比较集中的人群，如有学习需要的青少年学生。此外，农村市场潜力大，是报刊发行新的销售增长点，报刊发行商应该发挥渠道优势，送报刊入村入户，分发到农民家门口。

另一方面，报刊发行商应当集中精力发展订阅市场。在订阅和零售市场中，订阅与零售都是报刊发行的重要渠道，但订阅是根本，零售是补充，因为多数读者越来越希望能在家中收到报刊，而不是跑到零售点去买报刊。另外，订阅市场销售比较稳定，也易于控制成本和管理，而零售市场波动大、不稳定，不易掌握和控制。因此，报刊发行商应当集中力量发展订阅市场，通过加强报刊订阅和投递渠道建设来巩固订阅优势。

9.4.2　下游客户的开发

1. 分销商的开发

对分销商来说，"无利不起早"，因此，报刊发行商要通过让利或折扣的方式，使其有利可图，同时，要做好相关的配送服务等。此外，报刊发行商要整合销售网点，在城市繁华地段、社区、院校、厂矿企业，积极吸纳报刊发行商以外的书报刊经营单位或零售网点，扩大报刊零售服务的覆盖面。

2. 团体客户的开发

团体客户消费力量集中，订阅量大，市场开拓成本相对较低，但有高于个人客户的需求，比如更好的服务。因此，报刊发行商要提供上门收订、预约收订等服务，提供订阅时间、地点上的便利。当然，还可以通过"订报刊，送形象"的办法来开发团体客户市场。此外，报刊发行商要研究团体客户的订阅需求，例如，研究学校图书馆报刊采购竞标的产品体系、价格体系、服务体系等，从而开发出"大学、中学、小学图书馆装备报刊"等。在党报党刊的发行、开发团体客户方面，地方党委、政府可以发挥重要的作用，所以，报刊发行商在大收订期间，应紧密地同当地党委、政府沟通联系，取得他们的支持，依靠党委、政府的力量来完成党报党刊的发行任务。另外，为了拓展行业性报刊的市场份额，报刊发行商要加强与行业协会的联系，取得他们的支持和推荐，同时，也要重视行业内部的相互介绍，重视老订户的口碑传播。

3. 个人客户的开发

虽然个人客户市场相对比较分散、需求不稳定、订阅量小，但其基数很大，占报刊购买市场的主要部分，因此不容忽视。报刊发行商可考虑在电视、广播、报纸上做形象广告，以提高企业形象和亲和力，从而加强对个人客户的影响。

报刊发行商除通过业务窗口征订、征订员征订、发行站征订等渠道外，还要深入居民小区摆摊设点收订，上门收订，开展"洗街洗村"的地毯式收订。报刊亭作为报刊发行商服务窗口的延伸，地点设置灵活，分布广，经营时间长，可以接触不同地点、不同作息时间的不同读者的需求，且开设成本低，因此，报刊发行商要加强对报刊亭的建设与管理，实现连锁经营，同时加强配送力度。

此外，报刊发行商要积极推广电话收订和网上收订，让客户足不出户就能订阅报刊。另外，报刊发行商要树立和强化"收订无止期，投递无禁区"的服务意识，把一次性大收订变成"全年大收订，天天大收订"，加大收订宣传力度，可通过电视、网络、报纸或 DM 广告等多种形式进行收订服务的宣传。报刊发行商还可争取报刊社对发行服务的宣传和营销支持，如成立读者俱乐部、赠阅样报样刊、开展有奖订报刊等活动，帮助读者产生订阅的兴趣。

报刊发行商还可根据读者的阅读偏好，推出恰当的报刊组合套餐，并且给予适当优惠。例如，报刊发行商可以同中小学及幼儿园联系，开展"成长励志"主题营销活动，并制定《中学学生重点报刊推荐目录》《小学学生重点报刊推荐目录》等发放到学生或家长手中。

另外,报刊发行商可以向报刊产业上游拓展、延伸,为客户提供一揽子信息和知识解决方案。当条件成熟时,报刊发行商还可以自己办报办刊,届时,报刊发行商将会实现由单纯的发行商向文化内容的提供商的转变。

4. 第三方客户的开发

第三方订阅是由第三方集中订阅报刊,再由报刊发行商分送给第三方指定客户的形式——可能是公共图书馆,也可能是下岗职工,还可能是重要的客户等。

近几年,政府部门招标采购报刊的做法越来越普遍,范围越来越广泛,如政府强调加快"农家书屋"建设等。此外,社区阅览室也是近年来各级政府加强精神文明建设,倡导"文化进社区、服务进社区"的新生事物。对此,报刊发行商要高度重视,及时捕捉商机,加强与政府相关部门以及报刊出版社的合作,利用报刊的产品优势和发行配送的渠道优势,积极主动地参与农家书屋、职工书屋、社区阅览室等招投标工作,争取在政府采购中取得报刊的供货权。同时,要做好服务工作,如帮助农家书屋、社区阅览室建立有效的报刊管理制度。通过这两个窗口,还有利于宣传报刊发行商的发行业务,从而引导农民、居民通过报刊发行商订阅报刊。

除政府外,那些实力强且拥有广泛客户群的通信、金融、保险、烟草、能源、化工等企业,为了关注其重点客户、关系客户或者职工,也可能成为报刊发行商的第三方客户。如今,各级政府、行业部门和众多企事业单位用于宣传、广告、扶贫、慈善的支出不断增加,这就为第三方订阅打开了市场,报刊发行商可通过"订报扶贫""送科技下乡"等多种营销方式,挖掘市场潜力。

此外,个人也可以是第三方客户,当今个人社交礼仪消费日趋活跃,经常会互赠礼品,而这些礼品可以是报刊。例如,可推出"异地订阅送报刊"活动——以在异乡工作的外出务工人员、远离父母的在校大学生、军营里的子弟兵为目标客户群，利用报刊发行系统的异地订阅功能，开展儿女为父母订阅健康、养生类报刊活动，或者，父母为子女订阅励志报刊。

9.4.3 下游客户的维护

首先，客户数据库是分析客户的消费习惯、消费趋势和维护老客户的重要手段，报刊发行商要充分利用报刊发行主渠道的地位，收集整理当前订户资料信息，如姓名、单位、地址、订报品种、订阅量，对服务有哪些要求，能带来多少利润，建立规范的客户档案及重点订户信息管理系统，并利用数据库进行管理。读者数据库可以帮助报刊发行商更好地掌握订户的需求和动态，在此基础上，为不同类型的订户提供个性化、针对性的服务，同时，也为开展报刊市场分析、预测市场变化做好充足准备，为针对性地开展报刊营销打好基础。此外，报刊发行商要主动通过报纸、电台、电视台等媒体宣传和介绍报刊发行业务，同时设置服务热线和投诉热线，听取订户的批评和建议，从而降低订户的流失率。

其次，对为报刊发行商利润贡献大的订户，如党政军、大型企业及学校等重点单位，报刊发行商要为其提供优质高效的服务，如提供更为便捷的征订方式，同时保证投递的准确性，对特大型客户还要配备专人专车进行直投到户，确保投递100%准确无误，从而提高大客户的满意度与信任度。此外，报刊发行商可与报刊社合作，制定灵活的价格策略，例如对不同数量、不同订阅周期采取阶梯分级的定价方法，目的是鼓励订阅周期变长和订阅量增大。例如，零售单价为1.0元，订阅周期为一个季度的报刊单价为0.90元，订阅周期为半年的单价为0.85元，订阅周期为一年的单价为0.8元。又如，推出"订一年，送半年""订三（份）赠一（份）""订报刊、送积分"等办法，让老订户、大订户享受更多的优惠。

最后，报刊发行商要加强投递网的建设和改造，充分调整和优化报刊分发、转运、投递等各个环节，严格制定发行服务流程和服务标准，提高投递效率，细化投递渠道，增加投递人员，使投递覆盖面、深度有明显拓宽和发展，充分保证报刊投递的时效性，同时加强对投递服务质量的管理与考核，强化内部管理。报刊发行商要加快组建和培养一支由专职营销人员、投递员组成的报刊发行营销队伍，专职营销人员负责项目营销和大客户维护，投递人员负责散户收订和投递服务。报刊投递员在与订户接触时代表的是报刊发行商的形象，投递服务质量的高低和投递员营销能力的高低也将影响报刊收订业务量的大小。因此，报刊发行商要加强对投递员的培训，规范投递员的服务行为和服务用语，使其不只是机械地将报刊投递到户，还能成为订户与报刊社联系的桥梁。另外，投递队伍的稳定性也会影响订户的稳定和投递网的运行效果与投递质量，为了稳定投递队伍，要落实投递员"养老保险"和"失业保险"等福利待遇，制定投递员长效激励政策，让投递员按服务星级享受对应等级津贴等措施，充分调动投递员的积极性，同时加强队伍的稳定性。

参考文献

[1] 郝雨风.卓越绩效的客户经营[M].北京：中国经济出版社，2008.

[2] 邬金涛.客户关系管理[M].北京：中国人民大学出版社，2014.

[3] 李海芹.客户关系管理[M].北京大学出版社，2013.

[4] 范云峰，张福禄.客户沟通就是价值[M].北京：中国经济出版社，2005.

[5] 刘丰.工业品营销中的关系学[J].企业改革与管理，2006（10）.

[6] 宋新宇.无敌服务——理想主义者的聚财手段[N].中国经营报，2003.

[7] 苏立国.利乐：为客户创利与客户同乐[J].企业改革与管理，2008（7）.

[8] 刘萍.小熊在线的客户经营术[J].当代经理人，2006（10）.

[9] 林木.成功营销：让客户主动上门[J].大经贸，2005（11）.

[10] 李铁君.拜访客户，百事施展"天龙八步"[N].经理日报，2004（1）.

[11] 王逸凡.宜家：卖家具，更卖生活[J].连锁与特许，2007（6）.

[12] 薛海波，王新新.创建品牌社群的四要素——以哈雷车主俱乐部为例[J].经济管理，2008（3）.

[13] 郑锐洪，王丽芳.宝洁的"助销模式"[J].经营与管理，2005（12）.

[14] 华谦生.展会如何赢返流失的客户[J].中国会展，2006（17）.

[15] 肖春新.从广告看劳力士的奢侈品牌之路[J].商场现代化，2008（12）.

[16] 林景新.别让无效客户分流广告费[J].销售与市场，2004（5）.

[17] 李伟.从"宝洁—沃尔玛模式"看渠道创新合作策略[J].现代家电，2004（10）.

［18］梁雨谷.客户，您是总裁——创维集团经营新观念［J］.中外管理导报，2001（2）.

［19］王庆丰.如何培育自己的忠诚客户［J］.商业现代化，2005（22）.

［20］王唤明."星巴克"的"星级"体验［J］.中国市场，2007（33）.

［21］邵景波，宁淑慧.基于金字塔模型的客户关系资产管理［J］.中国软科学，2005（4）.

［22］沈沂.管理你的低价值客户［J］.21世纪商业评论，2008（5）.

［23］边长勇.招商银行——走到高端客户背后［J］.当代经理人，2005（1）.

［24］张会莉.无法抗拒的"哈根达斯"［J］.经贸世界，2003（6）.

［25］朱虹.论出版社客户的选择［J］.出版发行研究，2007（11）.